LE LIVRE DE LA RÉFLEXOLOGIE PLANTAIRE

Mireille Meunier

LE LIVRE DE LA RÉFLEXOLOGIE PLANTAIRE

GUY TRÉDANIEL ÉDITEUR
65, rue Claude Bernard
75005 PARIS

Avec mes remerciements à Jacques Dessèvre, qui est à l'origine de l'idée de cet ouvrage, à Frédéric Bontems et à Corinne Delsaut qui m'ont donné les moyens techniques, à Roger Loutz et à Jean-Michel Weiss, qui ont revu les textes. Et je remercie la vie, qui m'a donné la force, le temps et l'inspiration de réaliser cet ouvrage.

Composition ASTROMATIC, 8 rue de la Providence 75013 Paris.

ISBN : 2-85707-654-1

“If God gives diseases, He also gives solutions.”
« Si Dieu donne des maladies, Il donne aussi des solutions. »

Sri Ganapathi Sachchidananda Swamiji

En guise d'avertissement :

S'il s'agit de votre premier contact avec la réflexologie plantaire, je vous propose de commencer par le chapitre IX. Cela vous donnera une vision plus vaste de l'ensemble.

Si vous êtes professionnel, vous pouvez aborder le début, plus technique.

Sommaire

Chapitre 1

Les pieds sont-ils à l'image du corps ?

L'existence de zones réflexes et leur application à des fins thérapeutiques sont connues depuis cinq mille ans environ. On présume que l'acupuncture et la réflexologie plantaire ont la même racine. En Europe, on trouve des traces vers 1580 avec les médecins Adamus et A'titis. Les tribus indiennes utilisent la réflexologie plantaire, encore aujourd'hui dans les réserves d'Amériques. C'est seulement au début de ce siècle que la réflexologie plantaire fut intégrée dans un système adapté à notre esprit d'aujourd'hui par le médecin William Fitzgerald aux Etats-Unis.

On sait aujourd'hui que le pied dévoile parfaitement la statique du corps. Une personne très cambrée marchera sur ses talons, une personne aux pieds plats aura également un tonus musculaire faible dans le dos, une personne marchant sur les bords externes aura de fortes chances de développer des douleurs dans les hanches et ainsi de suite.

Mais les pieds ne révèlent pas seulement la statique musculaire du corps. Chaque partie de l'organisme est représenté à un endroit déterminé dans le pied. Tous les organes ont leur emplacement précis aussi bien sur le dessous que sur le dessus des pieds. La manipulation de ces zones réflexes permet d'une part de détecter les organes en dysfonctionnement, d'autre part de traiter l'organe en question.

Certains peuvent se demander comment une pression sur les métatarses peut avoir un effet sur les poumons. Pour donner une explication, nous ne pouvons pas nous baser sur des liens nerveux ou circulatoires car on n'en a pas encore découvert. Il est vrai que la réflexologie plantaire mobilise les cristallins, évacue les déchets, augmente la circulation sanguine et nerveuse. Mais la science n'a pas encore découvert de « nerf » reliant le foie avec la zone plantaire du foie !

Il paraît probable que cet étonnant organisme humain pocède des mécanismes de régulation autres que le système nerveux et hormonal. Un réseau de voies, aujourd'hui encore invisible à la plupart de nos yeux, assurent certainement la coordination des multiples fonctions vitales pour le corps.

En essayant d'élargir notre capacité de réception, c'est-à-dire en ne s'arrêtant pas là où l'œil ne voit plus et la main ne touche plus, mais en essayant de deviner la complexité des relations, des réponses apparaissent.

De nombreux thérapeutes, dont Hanne Marquardt et Eunice D. Ingham ont réévalué et remis à jour ce savoir ancien. Elles ont vérifié dans leur pratique que la douleur ressentie sur les zones plantaires diminuait avec l'amélioration des malaises.

Les planches dans cet ouvrage s'inspirent des enseignements de Karin Monte (Heilpraktikerin, Berlin) complétés par mon expérience acquise en cabinet depuis 1987.

1 - « Réflexzonenarbeit am Fuss » de Hanne MARQUARDT, édition Haug.
« Stories the Feet can tell » de Eunice D. INGHAM, édition Ingham plubishing Inc.

Chapitre 2

Qu'est-ce que la réflexologie plantaire ?

La réflexologie plantaire est une thérapie manuelle qui agit sur un symptôme et va plus loin en traitant le terrain sur lequel il s'est développé. Elle permet de soulager de nombreux maux dont beaucoup de gens souffrent quotidiennement. D'une part, elle peut se pratiquer en auto-traitement dès le début d'un malaise et permet donc au patient d'agir préventivement sur sa santé, d'autre part elle permet au réflexologue d'effectuer un bilan de santé et de traiter le malade en profondeur.

1. La projection

Chaque partie du corps humain est représentée à un endroit déterminé du pied, appelé la zone réflexe. Celle-ci est la projection en miniature de cette partie. C'est ainsi que toutes les fonctions physiologiques telles que l'appareil respiratoire, digestif, hormonal, circulatoire, nerveux, lymphatique, sensoriel, articulaire et urinaire ont leur disposition précise sur les pieds. L'observation et plus spécialement la manipulation de ces zones réflexes nous donnent une information sur l'état physiologique ou pathologique de ces fonctions.

2. *La manipulation*

La manipulation des pieds peut mettre à jour des zones douloureuses, auxquelles le patient réagit. Suivant la localisation de ces zones réflexes, elles indiquent un système précis et révèlent un dysfonctionnement plus ou moins profond. La zone douloureuse indique un système affaibli ou irrité au moment du traitement. Toutefois, nous ne pouvons pas encore tirer de conclusion sur la nature de la perturbation. Par exemple, la zone réflexe des yeux peut être douloureuse à la pression par suite d'une fatigue momentanée après une longue conduite en voiture ou d'une pathologie chronique comme un glaucome. Un entretien avec le patient s'avère alors nécessaire pour connaître l'origine plus précise de la douleur.

La manipulation sert aussi bien à tester les zones réflexes douloureuses qu'à les traiter. La pulsion dynamique et rythmique exercée sur les zones plantaires provoque un effet thérapeutique. Elle engendre une relaxation profonde et revitalisante, mobilise les cristaux et augmente la circulation sanguine et nerveuse. Les zones réflexes ainsi décongestionnées vont permettre aux organes correspondants de rétablir leur irrigation et leur fonction.

3. *La séance*

Une séance de réflexologie plantaire s'applique aux deux pieds et implique un passage par toutes les zones réflexes. Elle dure de trente minutes à une heure. Un traitement se déroule sur plusieurs séances. Le nombre varie selon les maladies et la capacité de guérison de l'individu. A titre indicatif, on peut dire que six à huit séances seront nécessaire. Généralement, le patient ressentira une amélioration durable vers la quatrième séance.

Une évaluation de l'état général des systèmes sera établie avec l'aide du patient. Le symptôme sera alors examiné en relation avec les autres fonctions de l'organisme. Ainsi, la maladie sera traitée en profondeur, en tenant compte des relations réciproques entre les fonctions physiologiques et le symptôme.

D'où la remarque favorite des réflexologues :
« Ce n'est pas la maladie qui est traitée, mais le malade ! »

4. Les combinaisons de thérapies

On sait que tout l'organisme est également projeté dans l'oreille, l'iris, les mains, le visage. Une séance de réflexologie plantaire peut s'appliquer en combinaisons avec d'autres thérapies tel que l'auriculothérapie, celle-ci, avec ses effets plus symptomatiques peut soulager les douleurs aiguës pendant que la réflexologie plantaire permet un traitement global du terrain.

Elle peut accompagner un traitement phytothérapeutique, afin de détecter les systèmes affaiblis et ainsi prescrire les herbes appropriées. La détente engendrée par une séance de réflexologie plantaire invite à une communication plus authentique, et peut faciliter le choix d'une Fleur de Bach, pour ceux qui ont besoin d'un soutien psychique et émotionnel.

La réflexologie pratiquée sur les mains tire sa force dans l'autotraitement, du fait qu'elles sont à tout moment accessibles. La thérapie par les couleurs peut s'appliquer sur les zones plantaires et donne des résultats très rapides[2].

La réflexologie plantaire peut suivre parallèlement un traitement allopathique et permet au patient de trouver une détente, un soulagement et une revitalisation de son organisme.

2 - « Se soigner et guérir par les couleurs »
de Jean-Michel WEISS et Maurice CHAVELLI, éditions du Rocher.

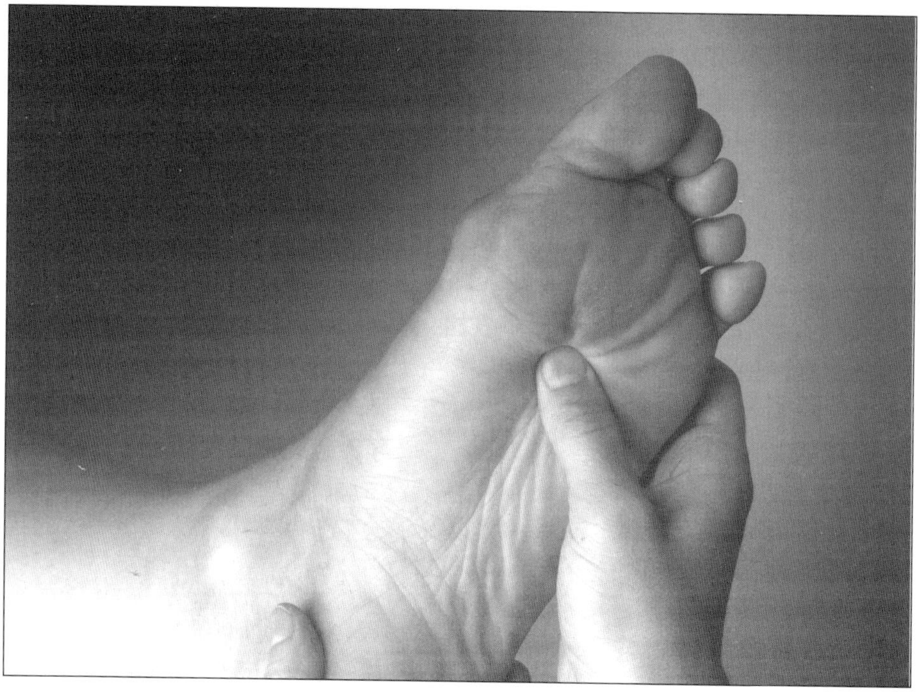

Photo : Gilles DELSAUT

Chapitre 3

Pourquoi la réflexologie plantaire ?

1. Un moyen naturel

Combien de personnes souffrent de migraine, de constipation, d'insomnie, de mal au dos, d'hypertension, d'arthrite, de bronchite chronique, de règles douloureuses, de ballonnements, et bien plus ? Et combien de personnes étouffent ces signaux d'alarmes par des aspirines, des médicaments à base de cortisone et autres ?

Pourquoi ne pas choisir un moyen naturel qui stimule et équilibre l'organisme ? Pourquoi ne pas utiliser une méthode qui va traiter le symptôme plus en profondeur et ainsi réellement soulager et apporter un bien-être ?

La réflexologie plantaire intervient dans ce domaine. Elle n'est pas du domaine du cancer, de la leucémie, du sida, de l'hépatite B etc. Ces maladies sont du ressort de la médecine allopathique, bien qu'un essai en vaille la peine, mais sans promettre de miracles.

Il faut savoir quand, où et comment appliquer la réflexologie plantaire. Très efficace dans toute pathologie physiologique, elle peut l'être aussi dans des pathologies organiques légères. Ce n'est pas parce qu'elle n'a pas les moyens d'enrayer les maladies dites dégénératives, où la médecine allopathique n'a pas plus de solutions, qu'il faut sous-estimer les possibilités de cette méthode.

Elle peut provoquer des résultats remarquables dans les troubles endocriniens, et ainsi éviter l'apport d'hormones artificielles. Dans des états aigus tels que la sciatique, crampes vésico-biliaires, crise urticaire, elle peut apporter un soulagement dans les heures qui suivent l'intervention. Bien des personnes souffrant de problèmes respiratoires, de troubles cardiaques, de malaises digestifs et de faiblesse urinaire ont eu des résultats tout à fait satisfaisants.

2. Une stimulation appropriée

Le réflexologue transmet une information à l'organisme. Appliquée de manière douce à une personne, elle sera mieux assimilée. Quiconque connaissant les enfants a dû remarquer qu'une leçon présentée indirectement à l'enfant, illustrée par une petite histoire, sera bien mieux accueillie par lui. Son écoute s'éveillera et le message pourra être enregistré. Par contre, une confrontation, crée des réactions de défense ou de révolte. Il ne s'agit pas de franchise ou d'hypocrisie, mais de connaissance sur les mécanismes d'écoute et de défense de la personnalité. A l'âge adulte, il en est de même, simplement plus difficiles à observer. Une remarque présentée d'une manière aimable et détournée ne créera pas de blocage. Une chose dite de manière abrupte cause souvent une réaction de blocage chez l'autre.

Dire à quelqu'un qui est tendu de se relaxer n'aura guère d'effet. Par contre, le faire rire par une plaisanterie ou lui mentionner une petite anecdote qui le met en confiance sera bien plus efficace.

L'organisme fonctionne tout comme la personnalité d'un enfant. S'il est agressé, il se bloquera. Un des plus grands obstacles à la guérison est la réaction de défense inconsciente que l'organisme produit. Tout thérapeute ou médecin a du observer ce mécanisme.

Dans les pieds, aussi bien sur la plante que sur le dessus du pied, se reflète tout l'organisme. Il est donc possible de stimuler les différentes fonctions physiologiques comme l'appareil respiratoire, digestif, circulatoire, urinaire, génital, nerveux, sensoriel, articulaire, hormonal et lymphatique. Mais cette stimulation se fera de manière indirecte, comme s'il s'agissait de raconter l'histoire du bon fonctionnement physiologique de la voisine, son amie. Celui qui pratique la réflexologie plantaire aura en effet l'impression, par sa manipulation rythmique, d'injecter l'information nécessaire à l'organe pour sa réharmonisation. Beaucoup de patients, d'ailleurs, expriment la même impression après un certain nombre de séances.

Les pieds sont les membres les plus éloignés de notre conscience. Bien qu'ils supportent la totalité de notre poids, nous les remarquons à peine. On peut dire qu'un traitement par les pieds n'éveille aucune « méfiance » de la part de l'organisme. Un avantage de la réflexologie plantaire est de permettre une stimulation de l'organe pathologique afin de l'harmoniser sans l'agresser. Demandé si gentiment, il ne saura refuser !

3. Un traitement global

Par ailleurs, la réflexologie plantaire permet d'évaluer le terrain dans sa totalité. Un symptôme ne peut être considéré sans examiner l'ensemble de l'organisme. Il se manifeste rarement à l'endroit de la cause.

Imaginons une ficelle avec un objet accroché à un de ses bouts. Si nous tirons sur la ficelle, l'objet à l'autre bout bougera. Mais la cause de ce mouvement n'est pas l'objet lui-même. La cause se situe à l'autre bout de la ficelle. Il en est de même dans l'organisme. L'objet représente le symptôme, et le symptôme n'est que le bout d'une longue chaîne de dérèglements dans l'organisme.

Par exemple, une personne asthmatique peut avoir la zone réflexe des reins douloureuse ou la zone réflexe des intestins perturbée, ou signaler des zones réflexes nerveuses bloquées ou enfin avoir une sensibilité sur toutes les zones plantaires. Ces différentes possibilités pour un même symptôme nous indiquent la nature du terrain sur lequel se situe une maladie et nous orientent pour le traitement.

Il en va de même d'une migraine. Le thérapeute pourra trouver des zones réflexes du crâne douloureuses, mais une douleur dans d'autres zones sera un indice sur la cause de la migraine. Par exemple, il peut trouver des sensibilités à la pression dans les zones réflexes du système uro-génital, ou dans celles du système digestif. Peut-être des intestins atoniques, d'où une intoxication qui se manifeste par un mal de tête ? Peut-être un cycle mensuel difficile ? Peut-être un système lymphatique surchargé ? Peut-être une hypertension des muscles spinaux ? Les raisons d'une migraine ou de toute autre maladie peuvent être multiples. Chaque maladie est à considérer dans son contexte, c'est-à-dire par rapport à l'individu et son environnement.

4. Détente

La réflexologie plantaire engendre une relaxation profonde chez le patient. Cette relaxation lui permet, de manière anodine, sans même qu'il ne s'en rende vraiment compte, de « revenir à lui ».

La maladie déclenche chez le patient, suivant la gravité, une certaine confrontation intérieure. Celle-ci peut se manifester par un simple souci de sa santé ou peut aller jusqu'à l'angoisse de la mort. Ces effets de la maladie peuvent être conscients, quand ils apparaissent au niveau intellectuel, ou inconscients, quand ils se déroulent au niveau « cellulaire », ou énergétique.

Dans un cabinet, c'est plutôt la dernière possibilité que nous rencontrons, car les maladies sont rarement mortelles. Néanmoins, toute maladie réveillera cette angoisse de la mort profondément logée dans les cellules et le psychisme, ce qui crée une contraction chez la personne.

L'effet de relaxation de la réflexologie plantaire joue un rôle important dans le dénouement de cette angoisse. Le traitement détend le patient.

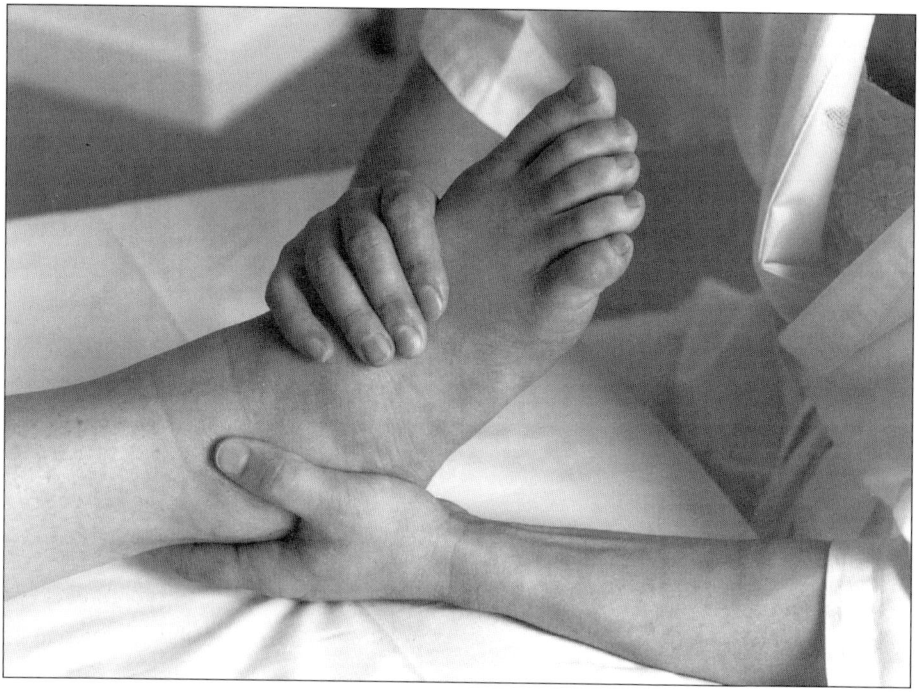

Photo : Gilles DELSAUT

Chapitre 4

Comment se projette l'organisme dans le pied ?

1. Le principe de projection

Avant d'observer l'emplacement de chaque zone en détail, il est bon de comprendre le principe général avec lequel le corps se reflète dans le pied.

Si nous considérons un pied « debout », c'est-à-dire quand la personne est allongée, on peut observer que la cambrure plantaire suit parfaitement la cambrure de la colonne vertébrale. En effet, nous trouvons la zone cervicale sur le côté médial de la phalange I, la zone dorsale sur le côté médial du métatarse I, la zone lombaire sur le côté médial du tarse antérieur et enfin le sacrum sur le bord médial du calcanéum (voir planche « zones motrices »).

Ainsi, l'organisme se projette dans le pied tout comme s'il y était assis :

- la colonne vertébrale s'appuie sur le bord médial des pieds
- le crâne, le système nerveux et sensoriel se localisent dans les orteils

- la cage thoracique, les poumons et le cœur se situent au niveau des métatarses
- l'abdomen, les intestins et les reins au niveau du tarse antérieur
- le bassin et les organes génitaux au niveau des chevilles.

Les deux pieds forment une unité et on prend en compte non seulement le dessous mais aussi le dessus des pieds. Nous trouvons :
- sur le pied droit les organes de la moitié droite du corps
- sur le pied gauche les organes de la moitié gauche du corps
- sur les deux pieds les organes pairs
- sur les deux pieds les organes placés au milieu du corps.

Le chevauchement des zones correspond à la superposition anatomique des organes.

De cette manière, la plante représente le dos et le dessus du pied représente la face ventrale. L'axe du corps, comme la colonne vertébrale se trouve sur le bord médial, puisque les deux pieds ensemble forment la projection complète du corps. L'articulation de l'épaule se situe sur le bord latéral du pied, conformément au principe de projection tout comme la hanche se situe sous la malléole latérale.

Ce principe de la projection de l'organisme dans le pied doit être complètement intégré par le réflexologue, de façon à ce qu'il « voit » la personne assise dans le pied (voir figure ci-contre).

Idéalement, les orteils doivent être libres et expansifs, tout comme la tête doit être « libre » et prête à accueillir le monde extérieur à travers les sens de la vue, de l'ouïe, de l'odorat... La voûte doit être forte et dynamique, représentant un système digestif optimal, et les talons doivent être stables et assurés, tout comme le bassin est à la base d'une bonne statique corporelle.

Si au contraire, le réflexologue rencontre des orteils rétractés et entassés, une voûte plantaire épuisée et aplatie, des chevilles alourdies et enflées, le principe de la projection lui donne immédiatement

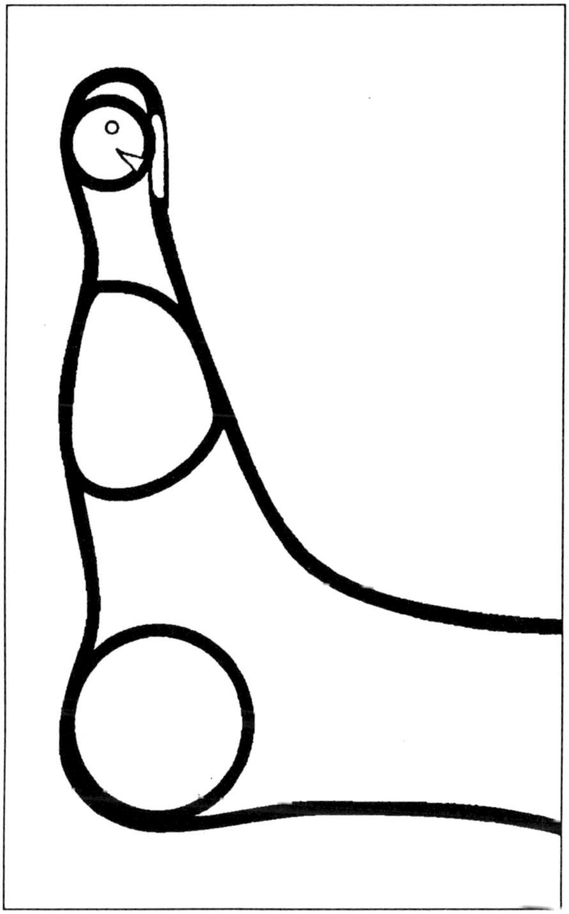

Un pied debout .... une personne assise ....

des informations, bien que globales, sur les parties et les organes correspondants.

2. Dénominations générales

Lorsque nous examinons les pieds, il est difficile de parler de haut et de bas, d'intérieur et d'extérieur. Pour éviter des malentendus, nous utilisons les nominations conventionnelles :

– distal : qui s'éloigne du tronc
– proximal : qui se rapproche du tronc
– médial : qui s'approche de l'axe du corps
– latéral : qui s'éloigne de l'axe du corps

Ces termes se réfèrent toujours à l'os ou à la partie mentionnée. Par exemple, le côté latéral du gros orteil sera plus près de l'axe du corps que le côté médial du deuxième orteil.

La plante des pieds reflète le dos de l'organisme, alors que la partie dorsale du pied représente la face ventrale du corps. Que la zone réflexe ventrale se situe sur la partie dorsale du pied peut porter à confusion. Les thermes dessus et dessous sont donc préférés et seront utilisés dans ce livre.

L'anatomie du pied est ici présentée dans son contexte de correspondance avec les différentes zones réflexes du corps. Une connaissance précise de cette projection géographique de l'organisme sur le pied est indispensable pour une pratique efficace de la réflexologie plantaire.

3. Repères sur le pied

Les pieds reflètent l'organisme en miniature. D'un millimètre à l'autre, les zones réflexes changent. Les repères sur le pied permettent au réflexologue d'effectuer un travail précis et efficace. L'examen du pied nous permet d'identifier :
– les chevilles, formées par les malléoles latérales et médiales
– le talon
– la voûte
– la plante
– le creux des orteils
– les orteils.

Le poids du corps repose idéalement sur le talon, la plante et la pulpe des orteils. La voûte et le creux des orteils ne sont pas en contact avec le sol, d'où une peau plus fine.

De plus, l'examen nous permet de repérer :

- la base proximale du métatarse I, appelée populairement « le coup de pied », et qui, projeté sur le dessous du pied, correspond au milieu de la voûte plantaire
- la base proximale du métatarse V sur le bord latéral du pied qui souvent forme une petite bosse
- le passage de la plante à la voûte constitue le milieu des métatarses
- les articulations des métatarses avec les phalanges situées au centre de la plante.

La plante est donc formée d'une part de la moitié proximale des phalanges et, d'autre part, de la moitié distale des métatarses. Attention : contrairement à ce que l'on pense une partie des phalanges constitue la plante ! La voûte est formée par l'autre moitié (proximale) des métatarses et du tarse antérieur. Le talon, également appelé tarse postérieur, est constitué de l'os astragale et du calcanéum.

Formons sur le dessous du pied trois lignes horizontales :

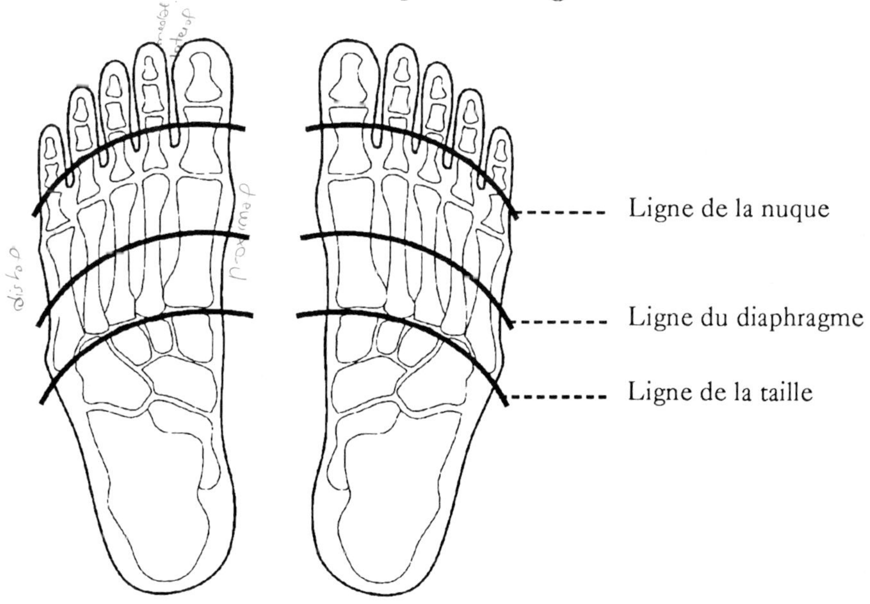

- au niveau des articulations des phalanges avec les phalangines, en traversant le creux des orteils, appelé la ligne de la nuque
- au niveau du milieu des métatarses, ou le passage de la plante à la voûte qui se reconnaît si facilement par le changement d'une peau plutôt charnue à une peau fine, appelée la ligne du diaphragme
- au niveau de l'articulation des métatarses avec le tarse antérieur, qui se repère facilement en traçant une ligne imaginaire de la pointe proximale du métatarse V au « coup de pied » sur le métatarse I, appelée la ligne de taille.

4. Les correspondances des organes

Les trois lignes que nous venons de voir sont une grande aide pour repérer l'emplacement exact des zones réflexes des organes de l'abdomen et également la vertèbre précise sur la zone réflexe de la colonne vertébrale.

La ligne de la nuque correspond, comme son nom l'indique, à la nuque. Distalement à cette ligne, on rencontre la pulpe des orteils, zone réflexe de la tête. On y trouve plus particulièrement les zones réflexes du cerveau, du système optique, de l'hypophyse, du système auditif, des sinus et des muscles du visage.

Proximalement à cette ligne, on trouve la plante, zone réflexe de la cage thoracique. Elle contient également les zones réflexes du muscle rhomboïde, de l'épaule, des poumons et du cœur. Le passage de la phalange I au métatarse I, sur le bord médial du pied, note le passage de la vertèbre cervicale 7 à celle de la dorsale 1.

La ligne du diaphragme délimite la plante de la voûte. Comme l'indique son nom, elle est la zone réflexe du diaphragme. La manipulation de cette zone affecte probablement la respiration, par exemple elle peut déclencher un soupir.

La voûte plantaire représente tout l'abdomen. On trouve entre la ligne du diaphragme et celle de la taille, les zones réflexes des organes de l'abdomen haut, c'est-à-dire l'estomac, le pancréas, sur le pied droit le foie, sur le pied gauche la rate.

Les intestins et le cæcum se situent sur l'autre moitié, plus proximale, de la voûte plantaire, proximalement à la ligne de taille. Sur le tarse antérieur, nous trouvons également les zones réflexes du gros colon et de la vessie.

C'est au niveau des chevilles que nous trouvons les zones réflexes de la hanche, du rectum et de l'anus, de l'utérus et des ovaires chez la femme, ou de la prostate et des testicules chez l'homme.

Sur le dessous des pieds se projette aussi bien le dos du tronc que les organes. Sur le dessus des pieds, nous trouvons les zones réflexes de la face ventrale du corps ainsi que ses parties extérieures.

Le réflexologue stimule donc les organes par les zones réflexes du dos. Dans l'acupuncture, les points qui influencent directement les organes internes du tronc sont également placés sur le dos, appelés les « bach-shu-points », sur le méridien vessie.

Dans le système nerveux végétatif, les nerfs sympathiques et parasympathiques émergent de la colonne vertébrale par les foramen intervertébrales pour aller innerver les organes internes. C'est ainsi que la thérapie neurale, ou « Bindegewebsmassage », s'applique principalement dans le dos afin d'harmoniser la stimulation nerveuse des organes.

De même en réflexologie plantaire, c'est par le dessous des pieds que nous avons accès aux organes internes, car c'est le dessous des pieds qui représente le dos. Nous pouvons aussi observer que les endroits du pied où repose le poids du corps correspondent aux endroits du tronc qui forment une cavité osseuse. Les orteils reflètent le crâne, la plante, la cage thoracique et le talon reflète le bassin. Nous ne portons notre poids ni sur la zone réflexe cervicale, située dans le creux des orteils, ni sur la zone réflexe lombaire, située au niveau de la voûte plantaire.

Les lombes et les cervicales ont des qualités de dynamisme. Ce sont elles qui ont les fonctions de mobilité, mis à part nos membres supérieurs et inférieurs. Les vertèbres cervicales permettent la rotation et l'inclinaison, ainsi que les vertèbres lombaires, bien que moins flexibles pour ces dernières puisqu'elles doivent aussi porter le poids du buste. Par contre, le crâne, le thorax et le bassin ont une fonction statique et protectrice. Le crâne renferme le cerveau, le thorax protège les poumons et le cœur. Le bassin contient les organes génitaux.

Nous reposons également le poids du corps sur le talon, zone réflexe du bassin, sur la plante, zone réflexe de la cage thoracique et sur les orteils, zone réflexe du crâne :

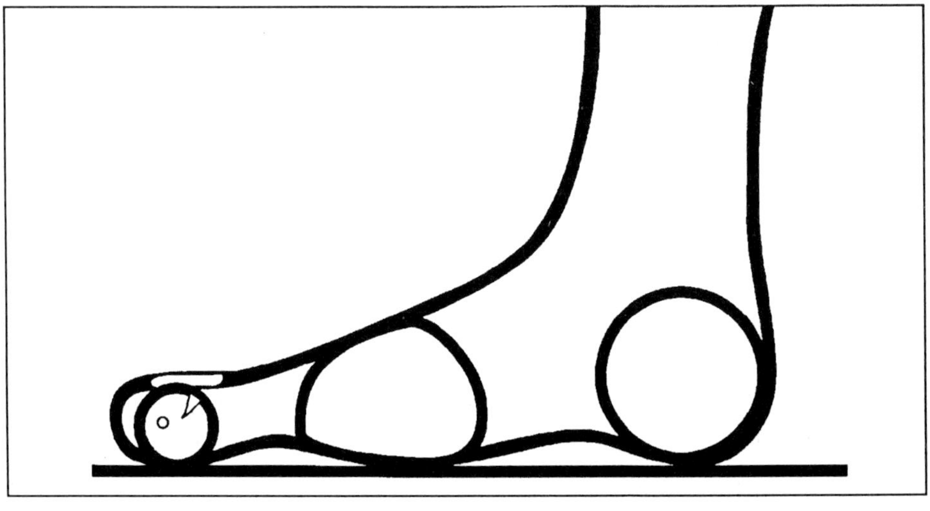

Un pied à terre... une personne allongée...

Chapitre 5

La manipulation

La manipulation sert aussi bien à tester les zones douloureuses qu'à les traiter. La pression dynamique et rythmique exercée sur les zones plantaires crée l'effet thérapeutique.

Pour que la réflexologie plantaire soit efficace, il faut avoir un certain doigté. Une pression quelconque avec le pouce et les mains sera relaxante, mais pour engendrer un effet thérapeutique, il est nécessaire d'appliquer la manipulation « de chenille » propre à la réflexologie plantaire.

1. La main thérapeutique

Les deux mains sont toujours en contact avec les pieds, ou avec un seul pied. Elles sont placées de façon à ne pas sur étirer les articulations du pied. Une main tient le pied, le « prend en main », l'accueille, pendant que l'autre main donne la pression rythmique. C'est cette dernière qui envoie un stimulant dynamique qui se propage par le pouce dans les zones réflexes plantaires, d'où son nom : la main thérapeutique.

Les zones plantaires sont à stimuler minutieusement, millimètre par millimètre. Chaque trajectoire est manipulée au moins trois fois – une fois pour diagnostiquer la consistance des tissus plantaires – une deuxième fois pour adapter la vitesse et la pression et ainsi agir plus thérapeutiquement – et une troisième fois afin d'observer la réaction des tissus plantaires à la stimulation donnée.

Certains tissus répondent très rapidement par une décongestion, un ramollissement ou une évacuation des cristaux après quelques manipulations.

2. La manipulation de chenille

La main thérapeutique utilise surtout le pouce. C'est le plus fort et le plus mobile, c'est lui qui principalement cillera les zones réflexes plantaires. Le mouvement peut se comparer à celui d'une chenille : le pouce se plie et se tend, se plie et se tend et ainsi de suite. Il n'y a ni rotation, ni mouvement circulaire, contrairement à d'autres « techniques » de massage.

Le pouce se plie au niveau de l'articulation de sa phalange distale avec sa phalange médiane, c'est-à-dire à la première articulation après l'ongle du pouce. Il faut parfois un petit peu d'entraînement pour bouger uniquement cette articulation, mais cette méthode une fois acquise ne demande plus aucun effort, puisque la pression vient automatiquement en pliant le pouce, et la détente en le tendant.

C'est justement ce rythme entre pression et détente qui réharmonise les zones réflexes plantaires et entretient le bon fonctionnement des organes.

Lorsque nous tendons le pouce, nous relâchons la pression, ce qui correspond à la « phase passive ». A ce moment, le pouce se déplace automatiquement d'un à deux millimètres vers l'avant. C'est ainsi que nous avançons sur les zones réflexes plantaires, comme une chenille, à la recherche de points douloureux.

Lorsque nous plions le pouce, nous donnons une pression dans les tissus plantaires, ce qui correspond à la « phase active ». L'angle doit être tel que l'ongle ne s'enfonce pas dans les tissus. La personne traitée ne doit pas sentir votre ongle. Si c'est le cas, coupez vos ongles plus courts ou bien agrandissez le degré d'angle.

La main thérapeutique développe donc deux phases : la phase active et la phase passive. Dans la phase active, l'impulsion du mouvement ne démarre non pas au pouce mais au centre de la main. La colonne vertébrale doit être droite et les épaules dégagées. Vous pouvez même imaginer que le mouvement de pression part du centre de la cage thoracique.

Le centre de la main peut se comparer à un lac d'énergie qui se répand par le pouce dans les zones plantaires. Il ne s'agit pas d'une pression mécanique mais d'une manipulation rythmique qui fournit au corps l'énergie nécessaire à sa réharmonisation.

Dans la phase passive, en relâchant la pression, il est important de ne pas perdre le contact avec la peau de la zone réflexe. Le pouce en se tendant avancera de quelques millimètres sans que l'on doive chercher à le déplacer intentionnellement.

Afin de respecter cette manipulation rythmique, on ne peut qu'avancer avec le pouce. Si on essaie de parcourir les zones plantaires en reculant le pouce ou en avançant en diagonale, on prend de la force dans les muscles et on exerce une pression mécanique. Cela entraîne une crispation de la main, néfaste pour le traitement et épuisant pour le thérapeute. Par contre, une activité rythmique et dynamique, avançant millimètre par millimètre est efficace pour détecter les points douloureux. Elle mobilise les cristallins, évacue les déchets et augmente la circulation sanguine et nerveuse.

La manipulation du pouce peut varier dans deux domaines :
- la vitesse du rythme
- l'intensité de la pression.

C'est au réflexologue de sentir ce qui convient à la zone traitée, et de consulter le patient si nécessaire. Différentes zones sur un même pied peuvent nécessiter différents besoins.

3. La manipulation circulatoire

La manipulation des zones réflexes circulatoires se fait avec toute la paume des mains. La paume des mains adhère à la zone traitée et procède par des petits mouvements circulaires. Ce n'est pas un frottement de la main sur le pied, au contraire, la main ne bouge pas par rapport au pied. Ce sont les tissus plantaires qui bougent en petits cercles. C'est ainsi que chaque pression donne l'effet d'une vague qui stimule le flux sanguin.

Une trop grande pression peut « écraser » l'écoulement sanguin. Dans la manipulation circulatoire, il ne s'agit pas de force, mais d'un rythme souple qui favorise l'écoulement sanguin.

Toute la main doit rester détendue. Bien que ce soient les paumes qui fassent le travail actif, les doigts ont souvent tendance à se crisper. Ils doivent rester détendus et s'adapter à la forme du pied. Les deux mains peuvent travailler simultanément sur le dessus et le dessous du même pied.

Le sang artériel est propulsé par le ventricule gauche à l'intérieur des artères. Bien que les artères se trouvent aussi bien sur la moitié droite que gauche du corps, on stimulera le flux artériel uniquement sur le pied gauche car sa source se trouve dans la moitié gauche du corps. Les manipulations circulatoires commencent sur la plante du pied gauche et se dirigent vers le talon gauche.

Du fait que le sang veineux est recueilli par les deux veines caves, situées sur la moitié droite du corps, on stimulera le flux veineux sur le pied droit, en manipulant du talon à la plante.

On stimule la petite circulation en agissant sur la plante des pieds avec la paume des deux mains appliquées simultanément sur le dessus et le dessous du pied. Le sens du mouvement n'a pas grande importance. L'intention est de débloquer les articulations des métatarses et des phalanges et de fortifier la circulation. Cela libère le thorax, tonifie les poumons et permet un meilleur enrichissement en oxygène du sang veineux.

4. La manipulation lymphatique

La manipulation lymphatique se pratique en début de séance, et est souvent utilisée pendant la séance, lorsqu'on passe d'une zone réflexe à une autre, ou lorsqu'on change de pied.

Elle consiste à effleurer tout le pied en partant des orteils, en suivant le dos du pied, en contournant les chevilles et en revenant vers les orteils. La règle bien connue est ici aussi valable : plus les mains sont en contact avec la peau, mieux cela est !

La manipulation alternée agit de manière plus dynamisante sur la lymphe et se pratique de manière suivante : sur le pied droit de la personne traitée, la main droite enveloppe le bord médial du pied en partant des orteils, en glissant jusqu'aux chevilles, en les contournant et lorsqu'elle remonte, la main gauche va faire le même mouvement sur le bord latéral.

Ainsi, la main droite englobe dans son mouvement les zones réflexes des ganglions du cou et de la nuque, des amygdales, de la glande thymus, du canal thoracique et enfin les ganglions de l'aine pour ensuite laisser à la main gauche la stimulation des zones réflexes des ganglions du cou et de la nuque, de l'aisselle, puis du canal thoracique et des ganglions de l'aine. Lorsqu'une main ramène la lymphe du bassin vers la zone réflexe de la citerne de Pecquet en contournant les chevilles, l'autre stimule la lymphe du cou et de la nuque, d'où son nom : la manipulation alternée.

Puis chaque zone réflexe lymphatique sera stimulée suivant les besoins. En cas de sinusite, d'otite ou d'une infection des voies respiratoires, on activera les zones réflexes du cou et de la nuque par un glissement, soit du pouce, soit du doigt suivant l'écartement possible des orteils, sur le dessus et le dessous des peaux interdigitales.

Tant lorsqu'il s'agit de zones réflexes douloureuses que de cas d'infection au niveau du thorax ou de l'abdomen, la zone réflexe du canal thoracique sera stimulée sur le dessus des pieds, entre les métatarses.

La zone réflexe des ganglions de l'aine est mobilisée également en cas d'infection au niveau du bassin ou de zones réflexes douloureuses, mais aussi lorsqu'il s'agit de problèmes circulatoires ou d'œdème. La zone réflexe le long du tendon d'achille est spécialement recommandée pour décongestionner tous les organes du bassin.

Chapitre 6

Les zones réflexes

1. Les zones réflexes motrices

Les zones réflexes motrices sont appliquées en cas de cervicalgie, de lombalgie, de périarthrite, de torticolis, de lumbago, de douleurs à l'épaule ou au genou, de raideurs dans le dos etc. Elles englobent aussi bien les muscles que les articulations et les os.

La **zone réflexe du crâne** se trouve sur tous les orteils, plus particulièrement sur le gros. Les tempes se situent sur le côté latéral du gros orteil, au niveau de la phalangette.

La **zone réflexe de l'apophyse mastoïde** est un point sur le dessous du gros orteil, plutôt vers le côté latéral, sur la ligne de l'occiput. Ces petites pointes osseuses du crâne sous les oreilles sont les points d'attaches du muscle sternocleidomastoïdien. Ce muscle, lié au stress et à l'agressivité, souffre souvent d'une crispation chronique, ce qui rend ses points d'attaches douloureux, ainsi que sur les zones réflexes plantaires.

La **zone réflexe de l'occiput** forme une ligne sous la pulpe du gros orteil, à l'articulation de la phalange avec la phalangette. C'est une zone qui évoque souvent une sensation agréable chez le patient, comme s'il recevait un massage de la nuque.

Un monsieur, 45 ans, arriva chez moi avec un torticolis. Il lui était impossible de bouger la tête. La séance consista seulement à tourner les articulations du gros orteil pendant 10 minutes, pour cause de manque de temps. Ses douleurs et raideurs s'évanouirent dans la demi-heure qui suivit.

La **zone de la colonne vertébrale** se situe sur le côté interne de chaque pied à l'intersection de la peau plantaire et celle de l'épiderme. Nous trouvons :

- les cervicales le long de la phalange I
- les dorsales le long du métatarse I
- les lombes le long du cunéiforme et du naviculaire
- le sacrum le long du calcanéum
- le coccyx sur la partie médiale du calcanéum.

Ces zones correspondent aux vertèbres et aux muscles situés le long de la colonne vertébrale (muscles spinaux). Ils ne sont pas sur le périoste même, mais du côté plantaire, sur le muscle abducteur hallucis. Sur le périoste, nous trouvons la mœlle épinière et certains plexus nerveux.

Il peut arriver que le patient sente une vertèbre glisser à sa place normale lors de la manipulation de la zone correspondante, surtout au niveau des cervicales.

Le passage de la phalange I au métatarse I est à manipuler avec précaution. Souvent, des déformations pathologiques, comme le cas du hallus valgus, appelé aussi « l'oignon » (flexion latérale du gros orteil), rendent cette zone sensible. Un hallus valgus suggère plusieurs possibilités : soit on décèle chez la personne un problème au niveau de la nuque, par exemple une « bosse de bison », soit un dérèglement de la glande thyroïde, ou encore un problème au niveau du cœur.

Des difficultés dans ces organes influenceront la statique du pied à cet endroit, et vice versa, un hallux valgus aura des répercussions sur les organes correspondant aux zones plantaires. On ne peut vraiment dire si c'est le pied ou le corps qui a été perturbé le premier. En général, il s'agit de relations qui s'influencent mutuellement.

Il est possible de réduire les douleurs aux pieds dues à un hallus valgus par la réflexologie plantaire, mais il est plus difficile d'agir sur la déformation osseuse.

La **zone réflexe de la cage thoracique** se trouve sur toute la surface des métatarses I à V, principalement sur le dessus des pieds. Les métatarses eux-mêmes représentent les côtes, et les espaces entre les métatarses, la musculature intercostale. Le dessous des métatarses représente la zone de la cage thoracique, mais est plus directement lié aux organes internes tels que les poumons et le cœur.

Les côtes sont relativement mobiles et souples. Cette mobilité entre en jeu dans les mouvements respiratoires. A l'inspiration le diamètre transversal, le diamètre vertical, et le diamètre antéro-postérieur de la cage thoracique augmentent. Ils diminuent à l'expiration.

Des métatarses serrés l'un contre l'autre correspondent à des côtes rigides et une respiration plate. Des métatarses qui sont difficiles à faire bouger l'un par rapport à l'autre indiquent que la personne se donne peu d'espace dans la cage thoracique. Elle restreint sa respiration, et de ce fait également sa vie communicative et relationnelle.

La **ceinture d'épaule** comprend le sternum, les clavicules, l'articulation de l'épaule, l'omoplate et les muscles rhomboïdes. Cette ceinture repose sur la cage thoracique et soutient nos bras.

La **zone réflexe de la ceinture d'épaule** se situe aux articulations des phalanges avec les métatarses I à V, aussi bien sur le dessus que le dessous du pied. Sur le dessous du pied, nous traiterons le côté dorsal, l'omoplate et le muscle rhomboïde, et sur le dessus, le sternum et les clavicules. Ces derniers sont les points d'attaches des muscles scalènes, sternocleidomastoïdien et trapèze entre autres. Les muscles scalènes accumulent facilement les émotions telles que la peur et l'angoisse. Ils deviennent tendus afin de se protéger et de ne « plus sentir ». Il est donc important de manipuler la zone réflexe sur le dessus des pieds dans les cas de stress. C'est parfois difficile, car il faut passer par les bosses des métatarses et les creux des espaces interosseux, mais un travail lent et minutieux facilitera le passage.

En manipulant la zone réflexe de la ceinture d'épaule sur le dessous du pied droit, la zone réflexe du foie sera partiellement affectée, et en manipulant le pied gauche, la zone du cœur sera affectée.

La **zone réflexe de l'articulation** de l'épaule se trouve très facilement à l'articulation de la phalange V avec le métatarse V, aussi bien sur le dessous que le dessus des pieds. Dans toute douleur d'épaule, il est important de bien traiter la zone réflexe en débloquant l'articulation au pied.

La **zone réflexe du sternum** se trouve sur la moitié distale du métatarse I sur le dessus du pied, mais plutôt vers le côté médial.

Parcourant la zone de l'articulation de l'épaule, nous suivons la **zone réflexe du l'humérus** en longeant le métatarse V pour parvenir à la **zone réflexe du coude** avec l'articulation du métatarse et le cuboïde.

A partir de la zone réflexe du coude, nous suivons **la zone réflexe de l'avant-bras** sur le bord latéral du cuboïde pour arriver dans la partie molle des tissus. La **zone réflexe de la main** se trouve sur le talon latéral, à l'angle du calcanéum.

La zone réflexe de l'avant-bras et de la main sont également une zone réflexe de deuxième ordre correspondant au genou et à la hanche. Dans toute symptomatique, soit du genou, soit de la hanche, il est recommandé de vérifier cette zone en plus des zones réflexes de premier ordre, situées au niveau des chevilles.

La **zone réflexe du bassin** se trouve sur le tarse postérieur. Plus exactement, nous trouvons la **zone réflexe de la hanche** sous la malléole externe. La **zone réflexe de la symphyse** se situe à l'opposé, sous la malléole interne. En traçant un trait de la zone de la symphyse à la zone de la hanche par le dessus du pied, nous parcourons la **zone réflexe de l'aine**, sur l'os astragale.

La **zone réflexe du genou** ne se reflète pas directement sur le pied. Les zones réflexes des membres inférieurs deviennent de plus en plus flous, puisque nous nous approchons du pied. Mais nous trouvons une zone réflexe indirecte située 5 à 6 cm au dessus de la malléole externe, sur la crête postérieure du péroné.

Dans des douleurs chroniques du genou, il se peut que la commande nerveuse soit perturbée. Les zones nerveuses du bassin sont alors à considérer sur le tarse postérieur.

Les **zones réflexes des muscles du dos** se répartissent sur le dessous des pieds selon une projection conforme à l'anatomie du dos. Le muscle latissimus (grand dorsal), s'étendra sur toute la partie proximale du pied jusqu'à la moitié du métatarse I pour aller former le creux de l'aisselle à l'articulation de la phalange V et le métatarse V.

La **zone réflexe du muscle trapèze** se répartit sur la moitié distale des métatarses et la moitié proximale des phalanges.

La **zone réflexe du muscle lumborum** (le carré des lombes) s'étend sur le calcanéum.

Le dessous des pieds reflète aussi bien les muscles du dos que les organes internes du tronc. Qui a des intestins perturbés aura également une musculature des lombes soit trop tendue, soit atonique. Un organe en dysfonctionnement agira sur la musculature correspondante dans le dos. On peut observer que les patients souffrant d'asthme ont les muscles rhomboïdes contractés, ce qui forme un creux trop accentué entre les omoplates et les vertèbres dorsales. Par la superposition des zones réflexes de la musculature du dos et des zones réflexes des organes internes, le réflexologue agissant aussi bien sur l'un que sur l'autre, facilite un rétablissement harmonieux.

Les **zones réflexes des muscles de l'abdomen** se situent sur le tarse antérieur sur le dessus du pied. Sur le côté médial, nous accédons aux muscles internes de l'abdomen, tels que le muscle oblique interne et le muscle transverse abdominal. Sur le côté latéral du tarse antérieur, nous trouvons les muscles externes, comme le muscle oblique externe et le muscle rectus abdominis.

La **zone réflexe des muscles du bassin** se trouve sur les côtés du calcanéum. Les muscles externes tel que les muscles fessiers, le muscle pyramidal, le carré crural et l'obturateur externe se trouvent sur le côté latéral du calcanéum. Sur le côté interne du calcanéum, on trouve les muscles du petit bassin tels que le muscle obturateur interne, les muscles gémeaux, le muscle psoas et le muscle iliaque.

Les zones réflexes des organes génitaux se situent au milieu de la zone réflexe des muscles du bassin. Si la douleur à la pression couvre toute la surface de la zone réflexe des muscles du bassin, le réflexologue pense à une hypercrispation des muscles du bassin. Si c'est uniquement le point de la zone génitale qui est sensible à la pression, on pense aux organes génitaux.

En général, un problème par exemple aux ovaires aura comme conséquence une hypertension des muscles du petit bassin. Les deux zones réflexes seront donc sensibles.

2. Les zones respiratoires

Les poumons ont pour mission l'enrichissement du sang en oxygène et le rejet du gaz carbonique. Le sang ainsi oxygéné va desservir toutes les cellules du corps en oxygène. Cette respiration cellulaire est à la base de la citation souvent prononcée par le réflexologue : « Respirez dans les tissus douloureux » ! Le sang veineux va également récolter le gaz carbonique élaboré par les cellules pour l'éliminer dans les poumons durant l'expiration.

Chaque poumon est formé de lobules pulmonaires, qui représentent en quelque sorte un poumon en miniature. A l'intérieur de chaque lobule, la bronchiole se divise en un grand nombre de branches. Prenez un jour le temps de regarder la structure des poumons : ils ressemblent de façon fascinante exactement à trois magnifiques arbres, un pour chaque lobe, seulement vu à l'envers. Et comme un hasard, ils ont la même fonction d'échanges de gaz carbonique en oxygène. D'où la métaphore : « la forêt est le poumon de la planète » !

Les **zones réflexes des sinus** se trouvent sur le dessus des orteils I à V. On trouve plus exactement les sinus frontaux sur les orteils II à III sur les phalanges distales et médianes, tandis que les sinus maxillaires sont sur les phalanges IV et V.

Dans des problèmes chroniques ou allergiques des voies respiratoires supérieures, il arrive souvent que la peau de ces zones soit irritée, gonflée, un peu rouge ou avec de la corne. Dans ce cas, il est recommandé de traiter aussi la pulpe des orteils, c'est-à-dire les zones réflexes du cerveau.

Les sinusites chroniques sont souvent à l'origine d'une respiration incomplète. Si le passage de l'air dans les sinus est irrégulier ou trop faible, les muqueuses ne sont pas suffisamment activées et les dépôts ne peuvent être évacués. Dans ce cas il ne suffit pas de traiter les zones réflexes des sinus, mais également d'activer les zones réflexes des poumons et du diaphragme.

La **zone réflexe du pharynx** se joint à celle de la bouche dans l'appareil digestif. Elle se situe sur la moitié distale des phalanges proximales I à V.

L'humain est le seul a avoir développé une cavité entre les voies nasales et le larynx qui réunit les voies respiratoires et alimentaires dans ce que l'on nomme le pharynx. Les mammifères peuvent respirer en mangeant, ce qui est impossible à l'homme.

La **zone réflexe du larynx** se trouve sur l'autre moitié proximale des phalanges proximales II et III. Elle a son importance pour les problèmes de cordes vocales.

Les mammifères ont le larynx juste situé derrière les voies nasales. Par contre, les oiseaux ont le larynx enfoncé dans la cage thoracique, à l'intersection des bronches. Seul l'être humain a ses cordes vocales placées entre ces deux extrêmes, à la hauteur de la gorge, au niveau de la cinquième et la septième vertèbre.

La **zone réflexe de la trachée** se trouve parallèle à celle de l'œsophage sur la moitié distale du bord latéral du métatarse II.

La **zone réflexe des poumons** se situe sur le dessous des deux pieds sur toute la surface de la moitié distale des métatarses I à V. Sur le pied droit, elle s'interpose partiellement à celle du foie.

La **zone réflexe du diaphragme** forme, comme dans son anatomie, une courbe située au milieu des métatarses I à V. C'est surtout la partie tendineuse du diaphragme, située au centre, qui joue un rôle thérapeutique. Nous la trouvons sur les phalanges II à IV, appelée zone maximale. Cette zone est identique à celle du plexus solaire.

Chez les patients faibles, pour qui une séance de réflexologie plantaire est difficile, il est recommandé de manipuler à plusieurs reprises la zone maximale du diaphragme. Il est possible de s'adapter au rythme respiratoire du patient : d'activer la zone à l'expiration et de relâcher la pression à l'inspiration. De cette manière, on peut réduire très rapidement les douleurs.

Cette manipulation peut être utile en cas d'asthme. Un monsieur de 33 ans, psychologue, avait des crises d'asthme l'été, le reste de l'année seulement après un effort physique. Toutes les zones réflexes étaient de façon générale sensibles et la manipulation fut lente et précautionneuse. Les zones réflexes de la glande thyroïde, des reins, des glandes surrénales et du plexus solaire se montrèrent douloureuses à la pression. La première séance déclencha une toux de suffocation qui, à l'aide de la manipulation sédative de la zone réflexe du plexus solaire, s'est transformée en une toux riche en expectoration d'un mucus visqueux de couleur verdâtre.

Il est intéressant de noter que le diaphragme est dans sa structure opposé aux autres muscles du corps. C'est le seul muscle dont les extrémités sont composées de fibres musculaires et le centre d'une plaque tendineuse. Les autres muscles ont leur centre formé de fibres musculaires et leurs extrémités de tendons. Nous pouvons en conclure que l'activité physiologique du diaphragme est d'une autre nature que celle d'un muscle moteur.

3. Les zones urinaires

L'appareil urinaire assure l'épuration du sang duquel il extrait les déchets pour les évacuer sous la forme d'urine. Le débit sanguin du rein est de 1,5 litres par minute, il filtre jusqu'à 200 litres par jour pour en réabsorber plus de 99 %. Le sang est donc purifié à peu près toutes les cinq minutes.

Le rein maintient stable le capital en eau du corps. Il réagit très rapidement soit à une surcharge, soit à un manque d'eau. Les zones réflexes sont donc à vérifier en cas d'œdème.

Le rein débarrasse de l'organisme de nombreux toxiques, dont un bon nombre de médicaments, ce qui explique la fréquence des douleurs que l'on peut trouver sur cette zone. La manipulation des zones urinaires se pratique généralement vers la fin de la séance, afin d'activer l'évacuation des déchets mobilisés.

La localisation de la **zone réflexe des reins** varie suivant les individus. Certains ont les reins placés très bas, d'autres n'ont pas les deux reins au même niveau ou les ont plus ou moins rapprochés de l'axe du corps. Ainsi, la zone réflexe est à rechercher méticuleusement. Lorsqu'une masse en forme d'haricot qui se révèle sensible, si elle n'est pas déjà douloureuse, se dévoile sous le pouce, on peut penser avoir découvert la zone réflexe du rein. Généralement, il faut aller « fouiller » assez en profondeur, à la hauteur de l'os cunéiforme III.

La **zone réflexe de l'uretère** forme une ligne le long du tendon du muscle hallucis longus débutant sur l'os naviculaire et s'allongeant jusqu'à la zone réflexe de la vessie.

Dans la médecine chinoise, le rein a une fonction ascendante. Ses énergies yin et yang doivent monter de façon à humidifier les poumons et le cœur (voir les zones causales). Pour respecter cette fonction et la soutenir, la zone réflexe de l'uretère doit être manipulée de la zone réflexe de la vessie à celle du rein, c'est-à-dire en se dirigeant distalement.

La **zone réflexe de la vessie** se trouve sur le petit coussinet situé juste avant le talon, sur le côté médial du pied, enjambant l'os naviculaire et le calcanéum.

4. Les zones génitales

Chez l'homme, nous trouvons la **zone réflexe du pénis et de la prostate** sur les bords médiaux de l'os calcanéum, en dessous des malléoles. Ce même endroit correspond chez la femme à la **zone réflexe de l'utérus**.

Chez l'homme, la **zone de l'urètre** s'étire du bord médial au bord latéral du calcanéum, joignant ainsi les deux malléoles. Chez la femme, cette zone correspond à la **zone réflexe des trompes**.

La **zone réflexe des ovaires** se situe à l'opposé de la zone réflexe de l'utérus, sur le bord latéral de l'os calcanéum. Chez l'homme, cette zone correspond à la **zone réflexe des testicules**.

Ces zones réflexes sont à manipuler dans des cas de dysménorrhée, d'aménorrhée, d'impotence, d'infertilité entre autres et donnent des résultats remarquables.

Une jeune étudiante de 24 ans, se retrouvait les deux premiers jours de ses règles accroupie de douleurs dans la salle de bains avec une bouillotte. Il lui était possible de s'évanouir. Le traitement commença quelques jours après ses dernières règles. Les zones réflexes génitales et les zones lymphatiques du cou et de la nuque étaient perturbées. Elle suivit le conseil de faire un peu de mouvement chaque semaine, après bien différents essais de persuasion ! Ses prochaines règles furent déjà beaucoup moins douloureuses. Une série de six traitements suivit le deuxième mois. Elle gagnait en vitalité, son teint devint plus rose.

Une participante à un séminaire d'introduction, souffrant d'aménorrhée depuis des années, manipula les zones réflexes génitales en auto-traitement, tous les deux jours. Quelques semaines plus tard, je reçu un coup de fil de sa part m'informant de l'apparition de ses règles...

5. *Les zones réflexes lymphatiques*

La lymphe, provenant des capillaires sanguins, s'infiltre dans les tissus et circule dans des vaisseaux lymphatiques qui forment un réseau. La lymphe s'infiltre dans tous les organes, muscles et tissus de notre organisme. Il n'y a pas un endroit du corps qui ne soit baigné par la lymphe. La circulation sanguine suit des vaisseaux précis — artères, capillaires et veines —, tandis que la lymphe diffuse dans l'organisme sans vaisseaux précis. Seuls les ganglions rassemblent la lymphe à la fin de leur voyage. Elle pourrait représenter pour notre corps ce que les eaux souterraines représentent pour la planète terre.

Ce sont les parties où se regroupent les ganglions — le cou, l'aisselle, l'aine, la citerne de Pecquet — et les organes faisant parti du système RES tels que les amygdales, le thymus, la rate, et l'appendice qui nous intéressent.

Les zones réflexes lymphatiques sont souvent sensibles à la manipulation, ce qui s'explique par le fait que le système lymphatique est celui qui est le plus touché par les toxines de l'environnement, à une mauvaise diète, aux abus de médicaments et aux maladies latentes, tous étant des facteurs qui surmènent ce système.

La manipulation des zones réflexes lymphatiques stimule le système de défense. Elles doivent être activées en priorité en cas d'infection. Pour une infection située dans le bassin, par exemple une cystite ou une ovarite, les zones réflexes lymphatiques du bassin sont à stimuler. Les zones réflexes du cou et de la nuque seront plus concernées en cas de bronchite, de sinusite, d'otite etc.

Les manipulations lymphatiques accentuent le débit de la lymphe dans les tissus et sont tout spécialement indiquées en cas d'œdème. Elles aident le corps à évacuer les dépôts. Une zone réflexe douloureuse, traitée par le réflexologue, produit des déchets, en réponse au métabolisme accéléré. Les manipulations lymphatiques s'appliquent donc après chaque zone réflexe douloureuse afin de mobiliser ces dépôts et les évacuer par la lymphe.

La **zone réflexe des amygdales** se trouve sur le côté latéral du gros orteil au centre de la phalange, c'est-à-dire à peu près au niveau de la peau interdigitale. Cette zone peut être douloureuse même lorsque les amygdales ont été enlevées. L'opération crée une cicatrice qui reste un traumatisme pour les tissus. Non seulement les cellules le garde en mémoire, mais le champ énergétique reste également perturbé. La zone réflexe correspondante est donc elle aussi encore douloureuse.

Il existe un proverbe qui dit : « Un malade après une opération est toujours le même malade, sauf qu'il n'a plus l'organe concerné ». Bien qu'une opération soit nécessaire dans certains cas, l'organisme garde en mémoire l'ablation effectuée.

La **zone réflexe du thymus** se situe au-dessus de la zone réflexe du sternum, sur le tiers distal du métatarse I. La zone n'est ni sur le dessus, ni sur le côté latéral, mais entre les deux.

La **zone réflexe de la rate** se trouve sur la moitié proximale des métatarses IV et V du pied gauche. Cette zone peut être sensible dans le cas des infections chroniques ou aiguës , des allergies, des maladies du sang, des affections abdominales ou cardiaques.

La **zone réflexe de l'appendice** se trouve au-dessus de la zone réflexe du cæcum (voir zones digestives), sur le dessus du pied droit. Sur le dessus du pied passe le muscle extenseur digitorum. Dans ce muscle se situe un point précis, qui correspond à l'appendice. Une méthode qui révèle le point consiste à placer son index au niveau de l'articulation phalange — phalangette juste derrière le métatarse V. L'extrémité de l'index s'enfonce alors dans la zone réflexe qui est souvent sensible.

Les **zones réflexes des ganglions du cou et de la nuque** se situent sur les peaux interdigitales I à IV. Ces zones sont à manipuler dans des cas de sinusites, d'otites, ou toute autre infection au niveau de la tête. Souvent douloureuses dans des cas où le système immunitaire est actif, ces zones doivent être stimulées avec précaution.

Parfois, des mycoses, de l'intertigo ou d'autres parasites se trouvent à cet endroit et démontrent un système de défense affaibli. Il est alors conseillé de stimuler les zones lymphatiques telles que le canal thoracique, la rate, les ganglions du cou et de la nuque. Si les mycoses ne se déposent qu'à un endroit précis du pied, comme principalement les orteils IV et V, la petite et la grande circulation sanguine doivent être renforcées par les manipulations en forme de vague avec la paume des mains.

Les **zones réflexes du canal thoracique** se situent d'une part entre les métatarses sur le dessus du pied et d'autre part sur le muscle tibiale antérieur à côté de la crête du tibia. Cette dernière zone est très efficace dans les difficultés digestives tel que des lourdeurs de l'estomac longtemps après les repas, des ballonnements, des coliques, des crampes, de la nausée... Les zones réflexes du canal thoracique situées entre les métatarses sont stimulées dans des cas de mauvaise circulation lymphatique dans le corps. Cela peut se manifester par des problèmes de peau, d'œdème et d'arthrite.

La **zone réflexe des ganglions de l'aisselle** se trouve juste en dessous de l'articulation de la phalange V avec le métatarse V, c'est-à-dire vers la zone réflexe de l'articulation de l'épaule.

La **zone réflexe de l'aine** forme un trait large entre la malléole interne et la malléole externe, sur le dessus du pied et recouvre le côté médial et latéral du talon en incluant les côtés du tendon d'achille. Elle est à considérer dans tous les problèmes infectieux du bassin.

La **zone réflexe de la citerne de Pecquet** se situe sur le cunéiforme II, au milieu de la voûte plantaire, du côté latéral du tendon du muscle hallucis longus.

Cette dernière zone est à stimuler avec les deux pouces simultanément sur un même pied, pendant que les doigts contournent les malléoles de chaque côté. Ainsi, la lymphe mobilisée dans le bassin est ramenée vers la citerne de Pecquet et permet une meilleure circulation lymphatique dans les membres inférieurs, dans le bassin et dans les organes digestifs.

6. Les zones circulatoires

Les organes du corps humain ne peuvent survivre et assurer leurs fonctions que grâce à leur irrigation permanente par le courant sanguin. Ils puisent les éléments nutritifs et rejettent leurs déchets dans le sang. Le cœur est un muscle puissant qui, par sa contraction rythmique, assure la circulation du sang dans les vaisseaux. Chaque minute, 160 millions d'érythrocytes sont produits par l'organisme.

La circulation sanguine doit être stimulée dans les problèmes de circulation, de palpitations, d'insomnies, de dysrythmie et donne des résultats remarquables. Les variations de couleur et de température des pieds nous feront penser à une circulation défaillante et seront une invitation à accentuer les manipulations circulatoires.

La **zone réflexe du cœur** se trouve sur la moitié distale des phalanges I et II sur le pied gauche et sur la moitié distale de la phalange I sur le pied droit. L'oreillette et le ventricule droit se trouvent sur le pied droit, l'oreillette et le ventricule gauche sur le pied gauche.

La **zone réflexe de l'anse de l'aorte** se situe sur la moitié distale de la phalange II du pied gauche.

La **zone réflexe de la veine cave** se trouve sur le pied droit, et sur la moitié distale de la phalange II également.

La manipulation doit s'adapter à la capacité de réceptivité du patient. La règle générale de calmer ce qui est en hyperactivité et de dynamiser ce qui est en hypoactivité est surtout valable avec les zones circulatoires. Il est important de ne pas oublier, surtout avec les zones réflexes circulatoires, la notion fondamentale :

« Une petite stimulation active, une grande retarde, une forte paralyse. »

La grande circulation débute par l'aorte qui naît du ventricule gauche, et propulse le sang avec une force supérieure à la pression atmosphérique. Elle irrigue et nourrit tout l'organisme et revient au cœur droit par les veines caves.

La **grande circulation** recouvre toute la surface du dessous et du dessus des deux pieds. Les zones réflexes sont situées de façon schématique : sur le pied droit se trouve la zone de la circulation artérielle et sur le pied gauche celle de la circulation veineuse. Sur le pied gauche, les manipulations vont de la base des orteils au talon, sur le pied droit du talon à la base des orteils. Les manipulations devront être plates, souples, en forme de vagues afin de stimuler le flux sanguin.

La petite circulation amène le sang veineux, de teinte bleu foncée, par l'artère pulmonaire du ventricule droit au poumon. Dans le poumon, le sang puise dans une durée d'environ 0,3 seconde de l'oxygène dans les alvéoles et retourne vers l'oreillette gauche comme sang de teinte rutilante.

La **petite circulation** recouvre la zone réflexe des poumons, c'est-à-dire la moitié distale des phalanges I à V, aussi bien sur le dessous que le dessus (les poumons ne sont que sur le dessous) des deux pieds.

On recommande des manipulations plates et souples des bords latéraux vers les côtés internes des pieds.

Le déroulement d'un cycle commence par une stimulation de l'anse de l'aorte avec le pouce qui « chenille ». Puis toute la surface du pied gauche, aussi bien le dessus que le dessous, sera manipulée par une pression avec la paume des mains par des mouvements en forme de vague. De même sur le pied droit, en « naviguant » du talon aux orteils. Ensuite, nous stimulerons le flux de la petite circulation en manipulant le pied gauche sur ses deux faces du bord latéral au bord interne, de même pour le pied droit. La veine cave sera stimulée avec le mouvement de chenille du pouce. Ce cycle peut être répété plusieurs fois et finit par une manipulation de la zone réflexe du cœur.

Très relaxante, cette manipulation harmonise la fonction du cœur. Elle encourage la circulation dans les extrémités du corps et facilite le flux veineux à revenir au cœur.

Le réflexologue pense automatiquement aux zones réflexes circulatoires quand il trouve devant lui :
- des pieds de différentes couleurs
- des pieds de différentes températures
- une couleur bleutée sur les deux pieds
- des pieds moites

Un monsieur de 39 ans, ingénieur, souffrait de crises d'angine pectorale survenant la nuit avec des douleurs dans la poitrine et le bras gauche. En effet, ses pieds avaient une teinture violette et étaient moites. La zone réflexe du cœur, mais aussi celle des intestins étaient douloureuses à la pression. Il eut une réaction au traitement vers la quatrième séance qui se manifesta par des crampes de l'abdomen avec une diarrhée. Cet état dura 24 heures, et elle eut pour effet que depuis, ses crises la nuit avaient diminué. Après quelques séances supplémentaires, ses pieds avaient repris une couleur et une circulation normale.

Les organes que nous trouvons au-dessus du diaphragme, dans la cage thoracique, sont les poumons et le cœur. Tous deux sont les organes les plus rythmiques de l'organisme. Malgré ce comportement qu'ils ont en commun, il est intéressant de noter les différences de structure de chacun d'eux.

L'action du muscle cardiaque a pour effet une contraction du cœur — la systole — alors que l'action des muscles respiratoires (scalènes, diaphragme, pectoraux, etc.) ont un effet d'expansion des poumons — l'inspiration.

De plus, la plupart des maladies des poumons, tant qu'elles n'atteignent pas la plèvre, se déroulent sans douleurs, alors que le cœur, très sensible à la douleur, donne au moindre dérangement, des symptômes d'angoisse extrême.

Le rythme respiratoire se laisse changer par la volonté, par des exercices de chant ou d'expression, alors que le rythme cardiaque échappe totalement à notre volonté.

Nous trouvons donc là des organes étroitement liés mais opposés dans leur structure.

7. *Les zones digestives*

L'appareil digestif est formé par l'ensemble des organes qui assurent la transformation puis l'assimilation des aliments.

Il commence avec **la bouche et les glandes salivaires**. Nous trouvons les zones réflexes sur le dessus du gros orteil, sur la moitié distale de la phalange. La zone de la parotide se situe sur le côté latéral du gros orteil, celle de la sous-maxillaire et de la sublinguale à la base distal de la phalange.

Différenciation : La zone des incisives est plus latérale que celle de la parotide. La zone des sinus commence plus distalement et finit en s'interposant avec la zone de la bouche.

Les **zones réflexes des dents** se trouvent sur les bords médiales et latéraux des orteils. Les zones réflexes des dents de la mâchoire supérieure se situent sur les phalanges moyennes, celles des dents de la mâchoire inférieure sur les phalanges proximales.

La **zone réflexe de l'œsophage** se situe sur le bord médial de la moitié distale du métatarse I, aussi bien sur le dessus que le dessous du pied.

La zone réflexe de l'estomac commence avec le cardia. La **zone réflexe du cardia** s'interpose avec celle du diaphragme, au milieu du métatarse I du pied gauche, sur le bord latéral. Elle montre souvent des sensibilités lors de la manipulation. Ces sensibilités peuvent simplement indiquer une contraction du diaphragme qui perturbe l'entrée de l'œsophage dans la cavité abdominale. Si elle reste douloureuse après plusieurs séances, il est possible qu'il y ait une hernie, ce qui crée des brûlures d'œsophage.

La **zone réflexe de l'estomac** peut varier suivant la forme et l'état de remplissage de celui-ci. En général, on le trouve en grande partie sur le pied gauche, sur la moitié proximale du métatarse I et II, le reste étant sur le pied droit sur la moitié proximale du métatarse I.

L'emplacement de la **zone réflexe du pylore** est un point fixe qui se trouve sur le pied droit à l'intersection des métatarses I et II avec le tarse antérieur.

Dans les pathologies de l'estomac, il est nécessaire de vérifier la zone du nerf phrénique, car celui-ci innerve le diaphragme et agit ainsi sur l'estomac. Des gastrites chroniques sont souvent dues à un dérèglement du système nerveux végétatif. En manipulant la zone réflexe du nerf phrénique, on réharmonise le système végétatif, en équilibrant les deux fonctions interdépendantes sympathique et parasympathique.

La zone réflexe de l'intestin grêle recouvre tout le tarse antérieur et la moitié distale du tarse postérieur. Nous trouvons plus particulièrement :

– la **zone réflexe de duodénum**, qui fait immédiatement suite au pylore sur le cunéiforme I du pied droit et se poursuit sur le pied gauche sur le cunéiforme I et II et III.

– la **zone réflexe du jéjuno-iléon** sur le cuboïde, le scaphoïde et le calcanéum. Son emplacement varie individuellement. Seul un gonflement des tissus plantaires, détecté à la vue ou au toucher, nous montre l'emplacement exact de cette dernière zone. Un gonflement des tissus indique aussi une faiblesse des intestins, plus ou moins prononcée selon la sensibilité de la zone à la manipulation.

La **zone réflexe du cæcum** nous donne le prochain point fixe après la zone du pylore dans le canal intestinal. Elle se confond avec la zone de l'appendice, située à l'articulation cuboïde-calcanéum sur le pied droit.

Pour cette dernière zone, on manipule aussi bien le dessous que le dessus du pied droit. La zone sur le dessus du pied se trouve sur le muscle extenseur digitorum.

Dans cette zone de quelques cm^2 se trouve un point précis, la **zone réflexe de l'appendice**. La meilleure méthode pour trouver le point précis est de placer son index juste derrière le métatarse V au niveau de l'articulation phalange-phalangette du doigt. Le bout du doigt s'enfonce alors dans la zone qui se révèle souvent sensible.

La **zone réflexe du gros intestin** varie selon sa position dans l'abdomen. De façon schématique, le colon ascendant monte le long du calcanéum et du cuboïde jusqu'à la base du métatarse V sur le pied droit. Le colon transverse passe horizontalement sur les deux pieds à la hauteur des cunéiformes I, II et III. Le colon descendant couvre la partie latérale du cuboïde et du calcanéum sur le pied gauche. Le colon sigmoïde traverse le calcanéum sur le pied gauche.

Le réflexologue se repère aux renflements des tissus sur la voûte plantaire. Contrairement à celui de l'intestin grêle, le renflement du gros colon est de forme plus ovale. Chez certains patients, on peut trouver un renflement très net de son parcours. La consistance des tissus sert également d'orientation : le pouce chemine sur des tissus d'une « fermeté molle ». Il peut se heurter à des blocages, mais dont la dureté garde cet aspect malléable.

La **zone réflexe du rectum** se situe sur les côtés médiaux des deux pieds sur le calcanéum.

La **zone réflexe de l'anus** est un point situé sur le bord proximal du calcanéum ou juste en dessous.

Les muscles lisses constituent la paroi du tube digestif et des voies excrétrices. La caractéristique de ces muscles est que leur contraction échappe entièrement au contrôle de la volonté. Leur commande étant sous la dépendance du système nerveux végétatif, ils sont très influencés par le stress, l'angoisse, les pressions etc., surtout au niveau de l'anus. Il est donc recommandé de vérifier spécialement la zone de l'anus chez des patients montrant des faiblesses végétatives. Celle-ci se dévoile de deux manières : par un manque de stabilité qui se remarque dans les mouvements et le regard du patient, ou sous la forme grande pression intérieure, qui donne l'impression d'une tension qui va exploser.

Une sensibilité de cette zone peut également apparaître en cas d'hémorroïdes, de fissures, d'eczéma et dans des maladies aiguës ou chroniques du petit bassin.

La **zone réflexe du foie** se trouve sur le pied droit, et recouvre presque toutes les métatarses II à V. Lors de la manipulation, il se peut qu'un hématome se développe dans cette zone. Cela indique un organe fortement perturbé ou malade. L'hématome en lui-même n'a rien d'inquiétant, au contraire, il renforce la circulation sanguine et l'évacuation des déchets. Il contribue ainsi à une amélioration plus rapide.

La **zone réflexe de la vésicule biliaire** se situe ente les métatarses III et IV, ou IV et V, suivant les personnes, à leurs bases proximales, uniquement sur le pied droit. On atteint cette zone aussi bien par le dessus que le dessous du pied.

Une dame de 54 ans, travaillant dans un kiosque, souffrait de calculs dans la vésicule biliaire. Elle vint au traitement en pleine crise aiguë, avec des douleurs insupportables dans l'abdomen qui irradiaient jusque dans le dos. Une manipulation continue sur la zone réflexe de la vésicule biliaire calma les douleurs dans les quinze minutes qui suivirent.

La **zone réflexe du pancréas** est difficile à trouver. De la même manière que cet organe se dérobe au toucher, la zone plantaire ne donne pas d'indication précise. La zone réflexe est automatiquement manipulée avec les zones de l'estomac, du duodénum et du foie. De façon schématique, on peut trouver cette zone aux articulations des premiers métatarses avec le tarse antérieur.

Sa fonction de sécrétion externe, qui consiste à élaborer de nombreux sucs digestifs, se localise plus vers la tête du pancréas, alors que sa fonction de sécrétion interne plus vers la queue de l'organe. Dans le système digestif, on prend davantage en considération la zone réflexe du pied droit.

La structure anatomique du pancréas ne montre pas une signature spéciale, contrairement au foie et aux reins. Il est camouflé derrière les autres organes digestifs et difficile à palper. Les pathologies du pancréas sont difficiles à diagnostiquer malgré la technique d'aujourd'hui. Plus les symptômes sont non-typiques, plus nous devons penser au pancréas. Nous trouvons donc là un organe complexe par son aspect non-spécifique et mystérieux.

Les chinois associent le pancréas à l'élément Terre. En effet, les personnes montrant des dysfonctionnements au niveau du pancréas, aussi bien par une douleur à la zone réflexe plantaire que par leurs symptômes, avaient toutes un trait commun : elles se sentaient d'une certaine manière déracinées. Elles ne trouvaient pas vraiment leur place soit sur un plan professionnel, soit sur un plan émotionnel. Une sorte de sentiment d'inutilité les accompagnait dans leur vie.

Il est difficile de guérir les maladies du pancréas, car elles touchent à l'axe de la personne. La Terre est la base des autres éléments Eau, Bois, Métal et Feu. Pour avoir des améliorations nettes, il est nécessaire d'aborder l'aspect psychique, et de développer un sentiment de « chez soi » en soi, ce qui est complètement indépendant d'une place extérieure.

8. Les zones endocrines

Elles sont comme dans l'organisme éparpillées sur tout le pied. Les glandes endocrines contrôlent par les hormones tout le métabolisme de l'organisme. Une seule glande défectueuse a une action sur la croissance et la taille de l'individu, sur la régularisation de la température centrale, sur l'équilibre d'acidité et d'alcalinité, sur la sexualité, sur le taux de sucre dans le sang etc.

Cet équilibre est directement lié à nos attitudes émotionnelles. Chaque émotion influence la production de certaines hormones. Des émotions devenues « chroniques », c'est-à-dire qui sont exagérées par rapport à la situation, ou qui ne se normalisent pas mais deviennent une attitude permanente de la vie quotidienne, dérèglent la production des hormones.

Par exemple, la peur et l'appréhension activent les glandes surrénales. C'est absolument nécessaire dans des situations de danger où elles permettent la fuite ou l'attaque : ces hormones donnent l'énergie nécessaire à prendre la fuite. Elles entraînent une hypertension artérielle, augmentent le rythme et le débit cardiaque et mobilisent les graisses en réserve. Mais si l'angoisse et le stress prennent une trop grande place dans la vie quotidienne, le corps est dans un état constant de suractivité du système sympathique (par la noradrénaline qui est le médiateur chimique de ce système). Cela entraîne de multiples déséquilibres : digestifs (ulcères), respiratoires (asthme), génitaux etc.

Ainsi, chaque émotion, que ce soit de l'irritation, du souci, de la tristesse, de l'envie ou de la jalousie, accentue le fonctionnement d'une certaine glande et la production de ses hormones. Dans ce cas, la personne traitée a besoin de changer son attitude intérieure avant d'obtenir des résultats positifs de longue durée. Pour cela, il faut se rappeler que nous avons à chaque moment le choix sur notre attitude et sur nos réactions. Pourquoi ne pas prendre la possibilité la plus gaie, la plus positive et la plus constructive ?

Nous avons tous une liberté relative sur nos actions, sur nos émotions et sur nos pensées. Si nous considérons le monde physique, on peut dire qu'à un moment précis dans le temps, nous avons un certain nombre de possibilités. Par exemple, je peux maintenant :

- continuer à écrire
- arrêter d'écrire
- rayer toute la page
- etc.

Je ne peux pas prendre un stylo vert puisque je n'en ai pas ici et maintenant. On peut donc déduire que nous avons à un moment donné un nombre limité de possibilités, dont une se réalise à chaque instant. Mais nous n'avons pas un nombre infini de possibilité.

Il est important de prendre conscience que nous avons ce choix, bien que les possibilités soient limitées. Bien qu'elles sont limitées, ne les réduisons pas à une obligation ! Nous devons apprendre à voir les différentes possibilités, et choisir la plus favorable pour notre santé, notre bien-être et notre environnement.

La **zone réflexe de l'hypophyse** se trouve en dessous de la phalange distale du gros orteil, là où se rejoignent les empreintes des orteils. L'expérience montre que sur les quatre autres orteils se situent quatre points similaires au même endroit qui constituent ce que l'on appelle des zones indirectes. Le traitement de ces zones influence aussi favorablement le fonctionnement de l'hypophyse.

Cette glande est si importante dans l'organisme qu'il est recommandé de stimuler cette glande à chaque séance. En posant délicatement les pouces sur la zone réflexe, comme un papillon, le réflexologue ressent un pouls. Ce pouls doit être régulier et doit pulser en même temps sur les deux pieds. S'il n'y a ni pulsation, ou pulsation irrégulière, cela indique une disharmonie dans le fonctionnement de la glande.

La **zone réflexe de l'épiphyse** se situe un peu plus latéralement que celle de l'hypophyse.

La **zone réflexe de la glande thyroïde** et parathyroïde se trouve sur la moitié proximale de la phalange du gros orteil sur le dessus et le dessous des pieds. Cette zone est à manipuler avec précaution car elle peut facilement déclencher chez des patients malades (souffrant par exemple d'hyperthyroïde) des troubles végétatifs tels que sueurs et nausées, mais le réflexologue ne devra pas pour autant arrêter le traitement, car il peut donner des résultats remarquables.

La **zone réflexe du pancréas** est difficile à trouver sur le pied, de même que cet organe se dérobe à la palpation clinique. Elle se situe entre la zone réflexe de l'estomac et celle du duodénum, vers les bases proximales des métatarses I et II sur le pied gauche (queue de l'organe) et sur la base proximale du métatarse I sur le pied droit (tête de l'organe).

La fonction endocrine du pancréas se localise surtout dans sa queue, tandis que sa fonction digestive se situe plutôt vers la tête de l'organe. Nous attacherons donc dans la manipulation des zones endocrines plus d'importance à la zone réflexe de la queue du pancréas sur le pied gauche.

La **zone réflexe des surrénales** se confond avec celles des reins puisqu'elles sont directement rattachées à ces derniers. Leur localisation varie individuellement suivant l'emplacement des reins dans le corps, qui peut être plus ou moins bas avec un écartement variable des deux organes.

Nous les trouvons dans les intersections des métatarses II et III, ou III et IV, à la base proximale des métatarses. Ces zones réflexes se montrent souvent douloureuses non seulement dans le cas d'une faiblesse des reins mais aussi pour toutes les maladies rhumatismales et allergiques. Cela explique le taux élevé de patients qui ressentent de la douleur dans cette zone.

9. Les zones réflexes nerveuses

Les zones réflexes du système nerveux, mis à part l'encéphale, ont deux domaines d'emploi : d'une part dans les afflictions des articulations et des muscles, d'autre part dans les dysfonctionnements végétatifs des organes.

Elles sont principalement impliquées dans le premier domaine, c'est-à-dire dans les perturbations des membres inférieurs et supérieurs, par exemple des douleurs de genou, de poignet, de sciatique etc.

En ce qui concerne les organes, elles ne sont utilisées qu'en cas de stagnation de l'état du patient. Le traitement de ces zones est une stimulation très locale et peut aider l'organisme à « se mettre en route », à engendrer un mouvement dans le domaine végétatif de l'organisme. Le traitement global n'en reste pas moins décisif pour une amélioration de longue durée.

Si la zone réflexe d'un organe ne se normalise pas après quelques séances, il sera alors nécessaire de vérifier les nerfs ou plexus correspondant à l'organe. Les zones réflexes du système nerveux étant délicates à manipuler, il est recommandé de ne se tourner vers elles qu'en dernier ressort.

Les zones nerveuses se situent toujours sur un os, mis à part l'encéphale (qui comprend le cerveau, le cervelet et le tronc cérébral).

Les zones nerveuses, mis à part l'encéphale, ont leur manipulation propre, appelée la manipulation de l'os. Elle consiste en une pression sur le point précis ayant un peu la propriété de « vouloir percer quelque chose ». Avec précaution, le pouce ou le doigt forme des petits cercles à peine perceptibles à l'œil.

La **zone réflexe du cerveau** se situe sur la pulpe des orteils. L'hémisphère gauche se trouve sur le pied droit, et inversement, l'hémisphère droit sur le pied gauche. Mais dans la pratique, cet effet de croisement a peu d'importance, car les zones réflexes doivent toujours être manipulées avec la même intensité sur les deux pieds, quelque soit le côté du corps atteint.

La **zone réflexe du diencéphalon** forme un petit cercle au milieu de la zone du cerveau, au-dessus de la petite bosse créée par la jonction des empreintes digitales.

La **zone réflexe du cervelet** forme un petit rectangle sur la pulpe des orteils, à la limite de la zone de l'occiput, c'est-à-dire sur les phalangines, juste avant l'articulation. Des zones indirectes se situent sur les pulpes des orteils IV et V.

La **zone réflexe du tronc cérébral** se situe sur le côté médial du gros orteil, à la base de la phalangine, juste avant l'articulation. Des zones indirectes se situent sur les pulpes des orteils II et III.

Les zones réflexes de l'encéphale sont à traiter en cas de stress, d'épreuves émotionnelles ou intellectuelles ainsi qu'en cas d'infection au niveau de la tête. Par exemple, une sinusite devenue chronique entraîne souvent une mauvaise irrigation nerveuse qui s'améliore par la manipulation de ces zones.

La **zone réflexe du nerf trijumeau** se trouve sur les côtés médiaux et latéraux des orteils II à V, à l'articulation des phalangines avec les phalangettes.

La **zone réflexe du nerf facial** se situe sur les côtés médiaux et latéraux des orteils II à V, à l'articulation des phalangettes avec les phalanges.

La **zone réflexe du nerf optique** se situent le côté latéral du gros orteil, au niveau de la phalange distale. Cette zone est importante à traiter dans les pathologies des yeux telles que la myopie, les conjonctivites, le glaucome, en plus des zones réflexes situées sur le deuxième et troisième orteil (voir zones optiques).

La **zone réflexe du nerf vestibulaire** se trouve sur la phalange du gros orteil, entre le bord latéral et le dessus. Elle se situe plus distalement que la zone réflexe des amygdales. Non seulement elle est à traiter dans des problèmes de vertiges, mais est très efficace en cas de bourdonnements d'oreille.

La **zone réflexe du nerf phrénique** forme un point à l'articulation de la phalangette et la phalange des gros orteils, entre le côté médial et le dessous.

Cette zone est à vérifier dans toutes pathologies de l'estomac et des poumons. Il est fréquent dans les cas d'asthme de devoir rétablir cette zone pour avoir une amélioration.

La **zone réflexe du plexus cervical** se trouve sur le côté médial du pied, à l'articulation de la phalangette avec la phalange.

La **zone réflexe du plexus brachial** se situe sur le côté médial du pied, à l'articulation de la phalange avec le métatarse I.

Les **zones réflexes des nerfs radial, médial et ulnaire** se situent à l'articulation de la phalange IV avec le métatarse IV sur le dessus du pied.

La **zone réflexes des nerfs thoraciques** II **à** XII se répartissent sur tout le côté interne du métatarse I, directement sur l'os.

La **zone réflexe du plexus lombaire** se situe sur les côtés médiaux du cunéiforme I et du scaphoïde, directement sur l'os.

La **zone réflexe du nerf fémoral** se situe sur le bord médial du scaphoïde, sur son coté proximal.

La **zone réflexe du plexus sacré** se trouve sur le bord médial du calcanéum.

La **zone réflexe du nerf sciatique** forme un point sur le calcanéum, à peu près à la hauteur de la malléole, juste après le tendon d'achille, sur le côté médial. On trouve une deuxième zone réflexe au même endroit sur le côté latéral. On agit sur cette dernière pour une sciatique qui se manifeste sur le côté latéral de la jambe le long du muscle fascia lata, et qui parfois descend jusqu'au bord latéral du pied. Pour les sciatiques qui causent des douleurs derrière la fesse et la jambe, entre les muscles semitendineux et semimembraneux, le réflexologue utilise la zone réflexe située sur le bord médial du calcanéum.

10. Les zones réflexes optiques

La **zone réflexe du globe oculaire et de ses muscles moteurs** se situe sur le dessus du deuxième et troisième orteil, juste sous l'ongle. Cette zone se montre très apaisante en cas de fatigue oculaire ou d'irritation.

Les **zones réflexes du chiasme optique et des corps genouillés latéraux** se trouvent dans le creux du deuxième et troisième orteil, sur la moitié distale de la phalange et la moitié proximale de la phalangine. Les zones sont très efficaces en cas de myopie, de presbytie et de glaucome (voir orientation de traitement dans l'élément Bois).

11. Les zones réflexes auditives

La **zone réflexe du nerf cochléaire et du labyrinthe** se trouve dans le creux du quatrième orteil, recouvrant la moitié distale de la phalange et la moitié proximale de la phalangine.

Dans le creux du cinquième orteil, également sur la moitié distale de la phalange et la moitié proximale de la phalangine, se situe la **zone réflexe de l'oreille**, ici plus spécialement l'oreille externe.

Ces deux zones réflexes sont à traiter dans toutes affections de l'oreille moyenne et interne telles que otites et bourdonnements d'oreille entre autre.

Chapitre 7

Planches de zones réflexes

Zones motrices

1 Crâne
2 Tempes
3 Occiput
4 Apophyse mastoïde
5 Nuque
6 M.* trapèze
7 a Colonne cervicale
b Colonne dorsale
c Colonne lombaire
d Sacrum
e Coccyx
8 Art.** de la mâchoire
9 Omoplate
10 Art.** de l'épaule
11 Humérus
12 Coude
13 Avant-bras
14 Main
15 M.* rhomboïde
16 M.* latissimus
17 Art.** sacro-iliaque
18 M.* lumborum
19 Tubérosité ischiatique
20 Région inguinale
21 M.* oblique interne
M.* transverse abdominal
22 M.* oblique externe
M.* rectus abdominis
23 Côtes
24 M.* intercostaux
25 Sternum
26 Clavicule
27 M.* scalènes
M.* sternocleidomastoideus
28 M.* masséter
29 Os frontal
30 Périnée
31 Symphyse pubienne
32 M.* obturateur interne
M.* jumeau, M.* iliopsoas
33 Genou
34 Art.** de la hanche
35 M.* fessiers, M.* pyramidal
M.* carré crural
M.* obturateur externe

*muscle(s) **articulation(s)

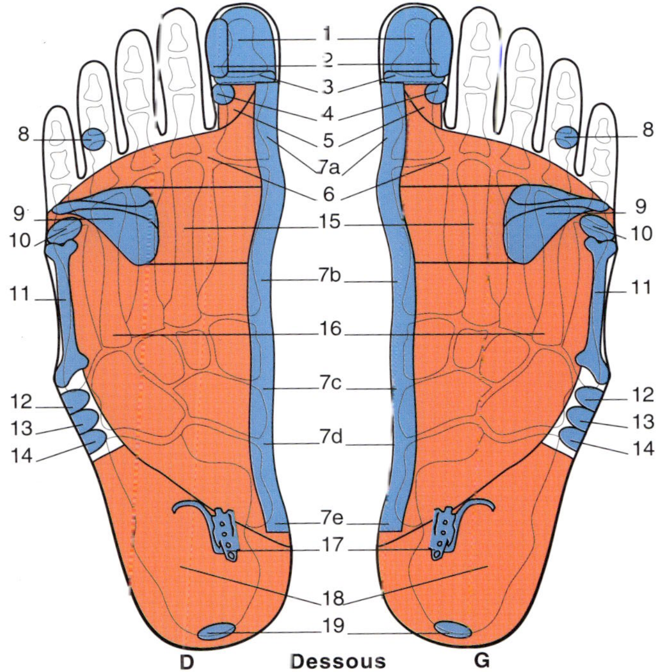

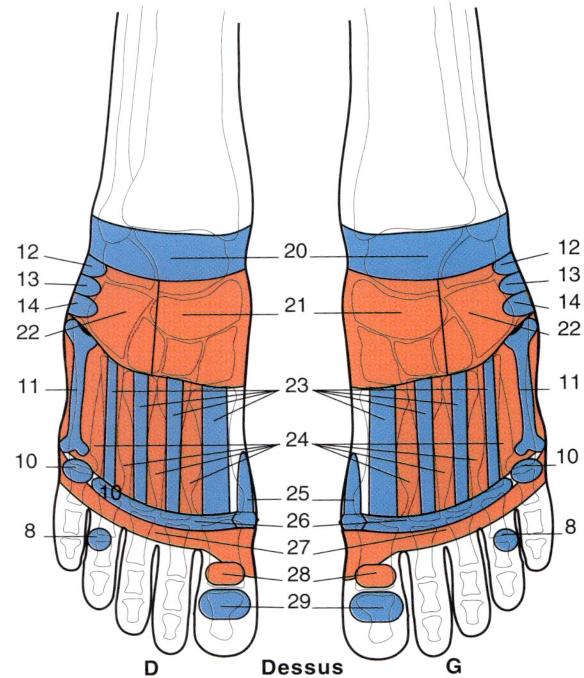

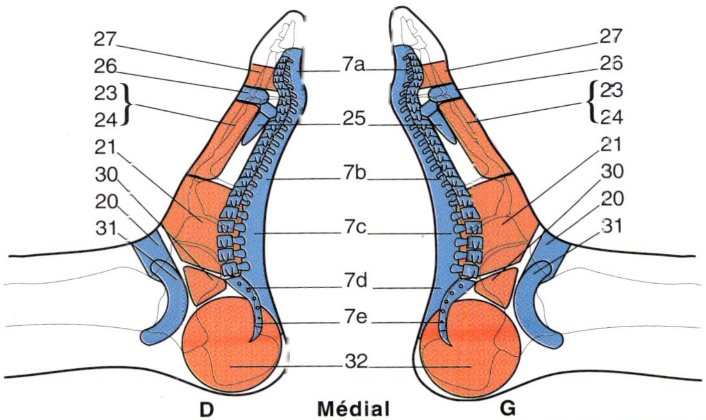

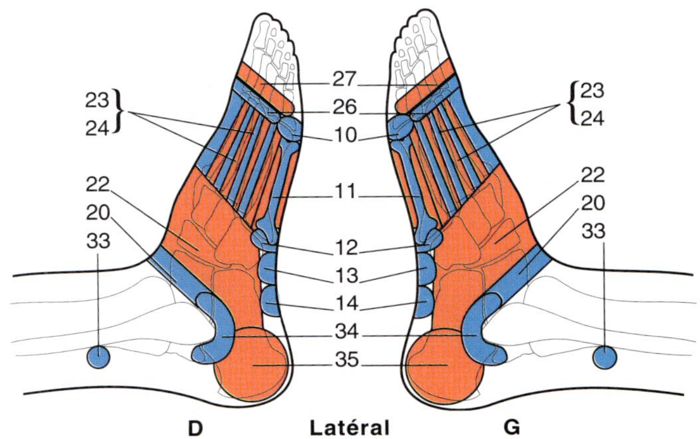

Zones respiratoires

1 Trachée
2 Poumons
3 Diaphragme
4 Plexus solaire
5 Larynx
6 Pharynx
7 Sinus
a frontaux
b maxillaires

Zones urinaires

I Reins
II Uretère
III Vessie

Zones génitales

Chez la femme:
A Glandes mammaires
Pied gauche:
B Utérus
C Trompes
D Ovaires

Chez l'homme:
Pied droit:
E Penis
F Prostate
G Urètre
H Testicules

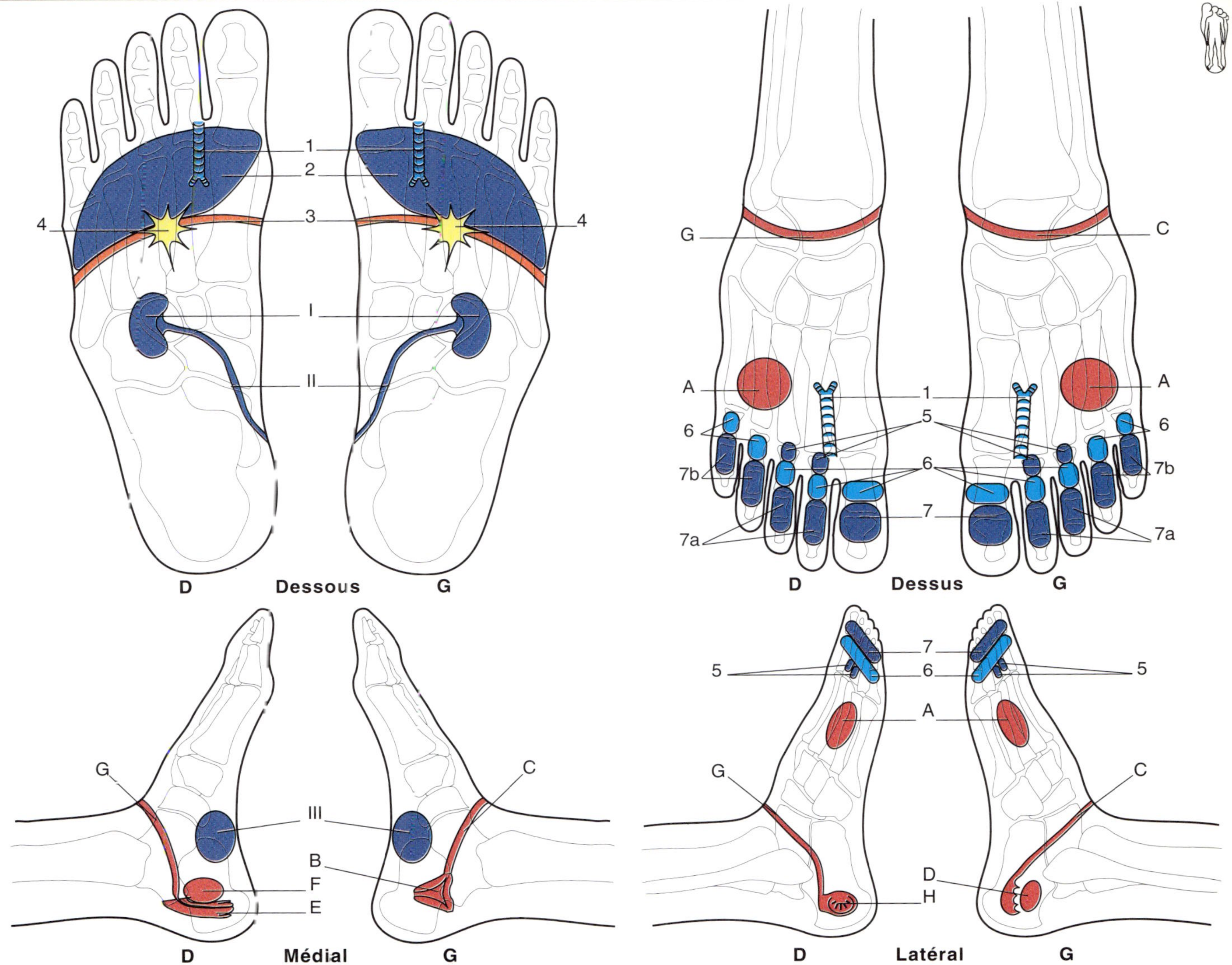

Zones lymphatiques

1 Ganglions du cou et de la nuque
2 Cisterna Chyli (Citerne de Pecquet)
3 Chylifères (ganglions abdominaux)
4 Ganglions de l'aisselle
5 Rate
6 Ganglions de l'aine
7 Canal thoracique
8 Thymus
9 Amygdales
10 Appendice

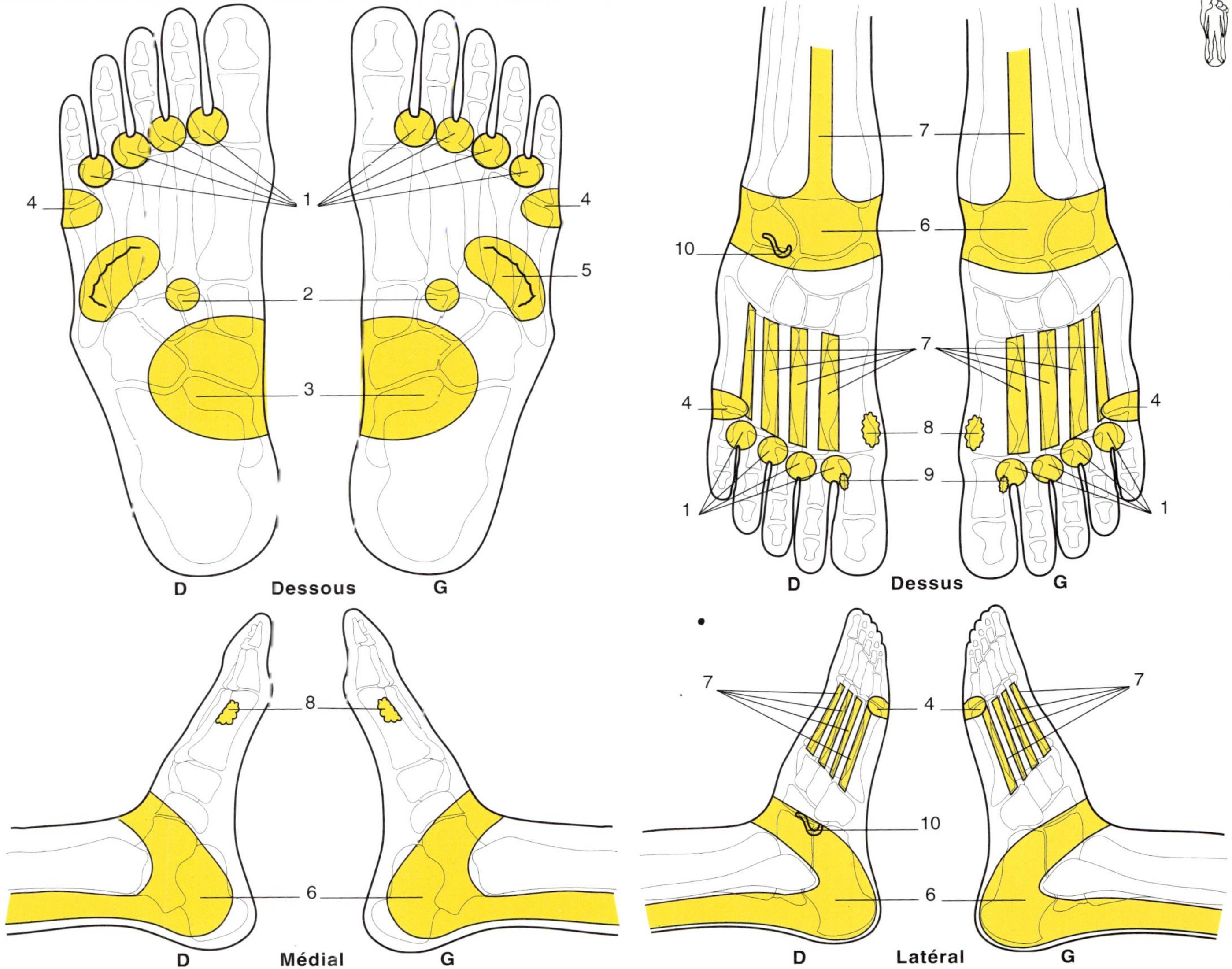

Zones circulatoires

1 Anse de l'aorte
2 Coeur
3 Veine cave
4 Grande circulation
5 Petite circulation

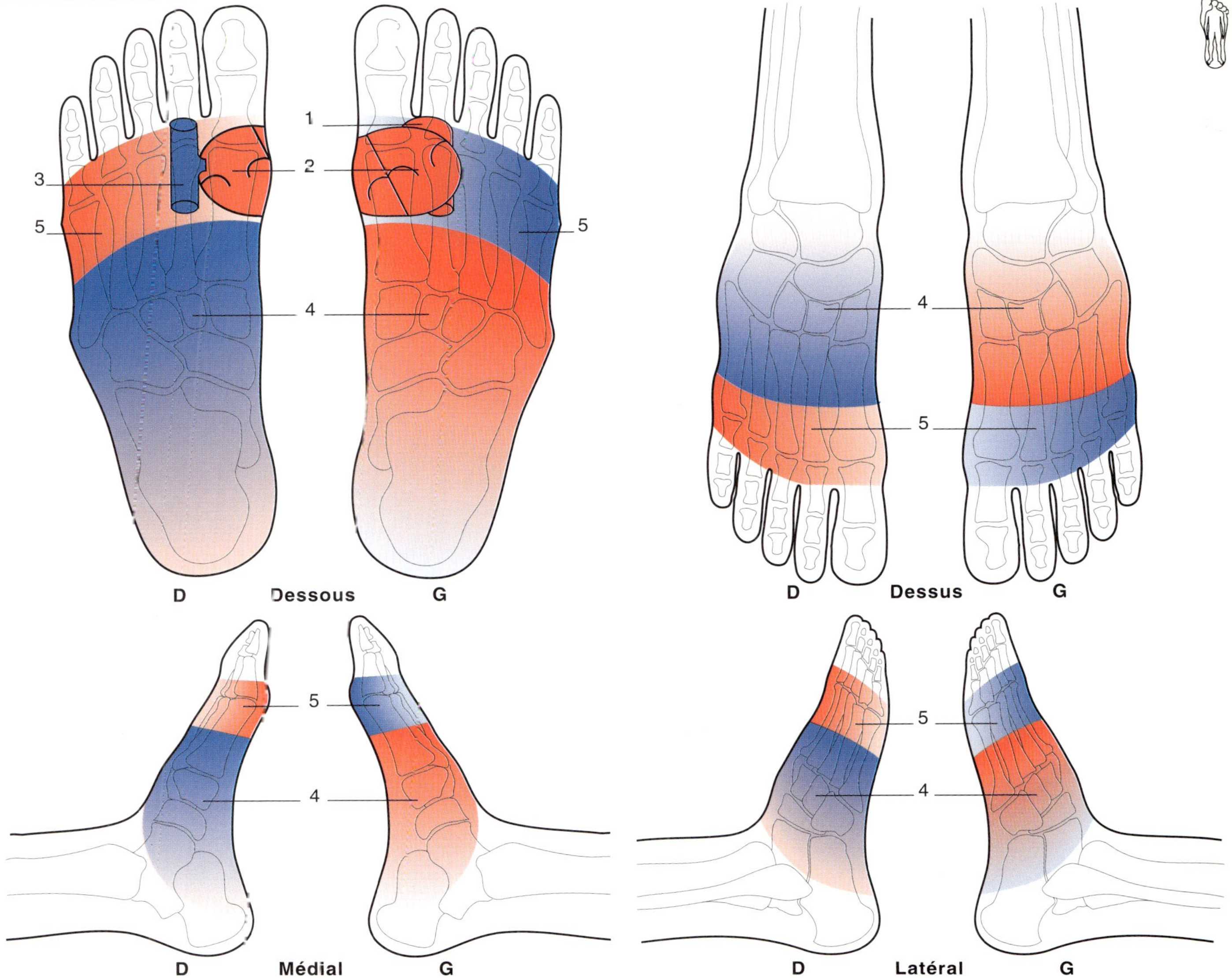

Zones digestives

1 Dents de la mâchoire supérieure
  - a Incisive I
  - b Incisive II
  - c Canine
  - d Prémolaire I
  - e Prémolaire II
  - f Molaire I
  - g Molaire II
  - h Molaire III

2 Dents de la mâchoire inférieure (voir ci-dessus)

3 Oesophage

4 Cardia

5 Estomac

6 Pylore

7 Pancréas

8 Duodénum

9 Jéjuno-iléon

10 Foie

11 Vésicule biliaire

12 a Côlon ascendant
  - b Côlon transverse
  - c Côlon descendant
  - d Côlon sigmo¨de

13 Caecum

14 Appendice

15 Glande parotide

16 Glande sous-maxillaire
  Glande sublinguale

17 Bouche

18 Rectum

19 Anus

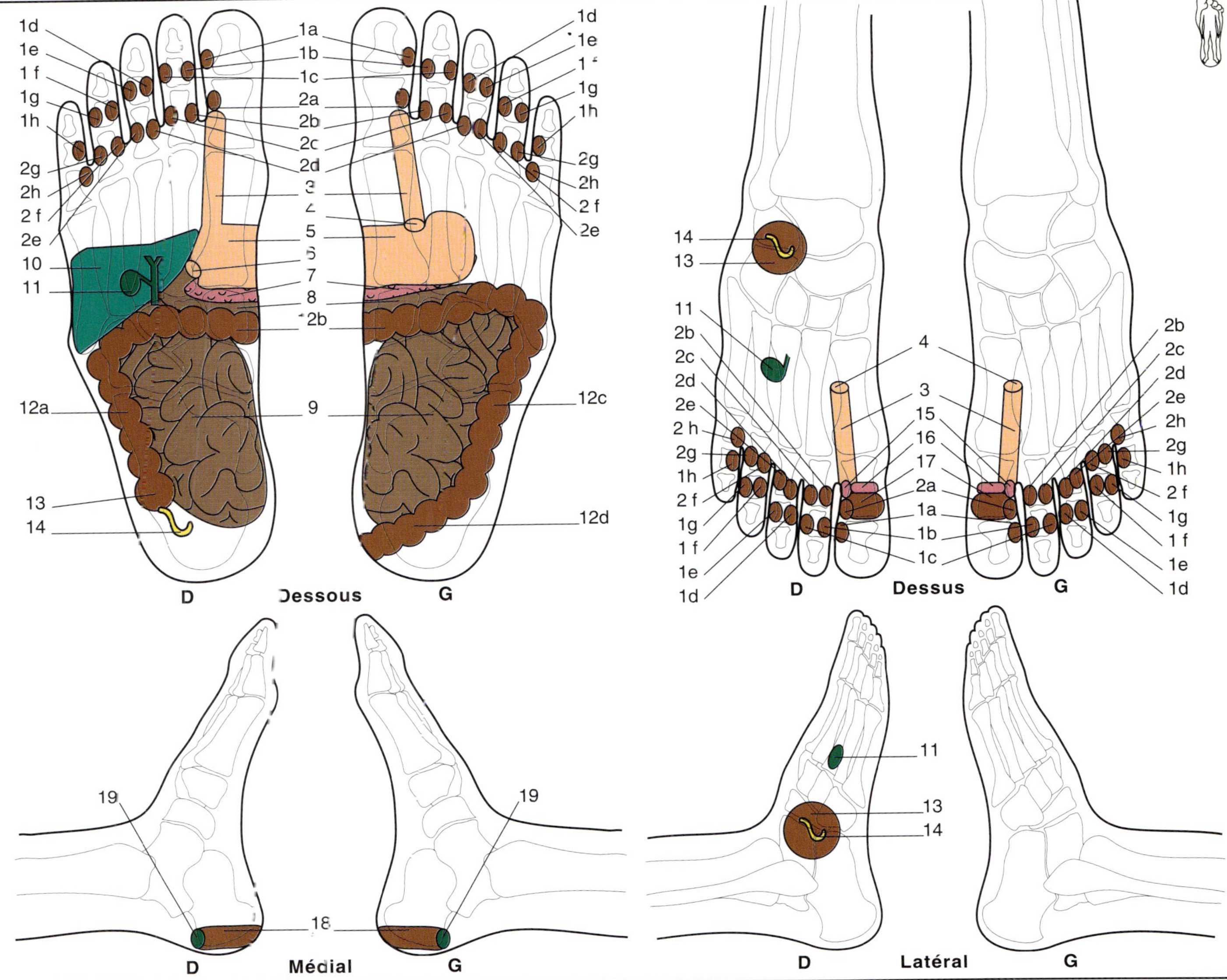

Zones endocrines

- A Epiphyse
- B Hypophyse
- C Thyroïde et parathyroïde
- D Glandes surrénales
- E Pancréas
- F Glandes génitales

Zones nerveuses

1. Cerveau
2. Diencéphale
3. Cervelet
4. Tronc cérébral
5. Nerf phrénique
6. Nerf optique
7. Nerf vestibulaire
8. Plexus cervical
9. Plexus brachial
10. Nerfs thoraciques
11. Plexus solaire
12. Plexus lombaire
13. Plexus sacré
14. Nerfs radial, médial et ulnaire
15. Nerf facial
16. Nerf trijumeau
17. Nerf fémoral
18. Nerf sciatique

Zones optiques

- I Globe oculaire et ses muscles moteurs
- II Nerf optique
Chiasme optique
Corps genouillés latéraux

Zones auditives

- III Oreille moyenne et interne, nerf cochléaire, labyrinthe (vestibule, canaux semi-circulaires)
- IV Oreille externe

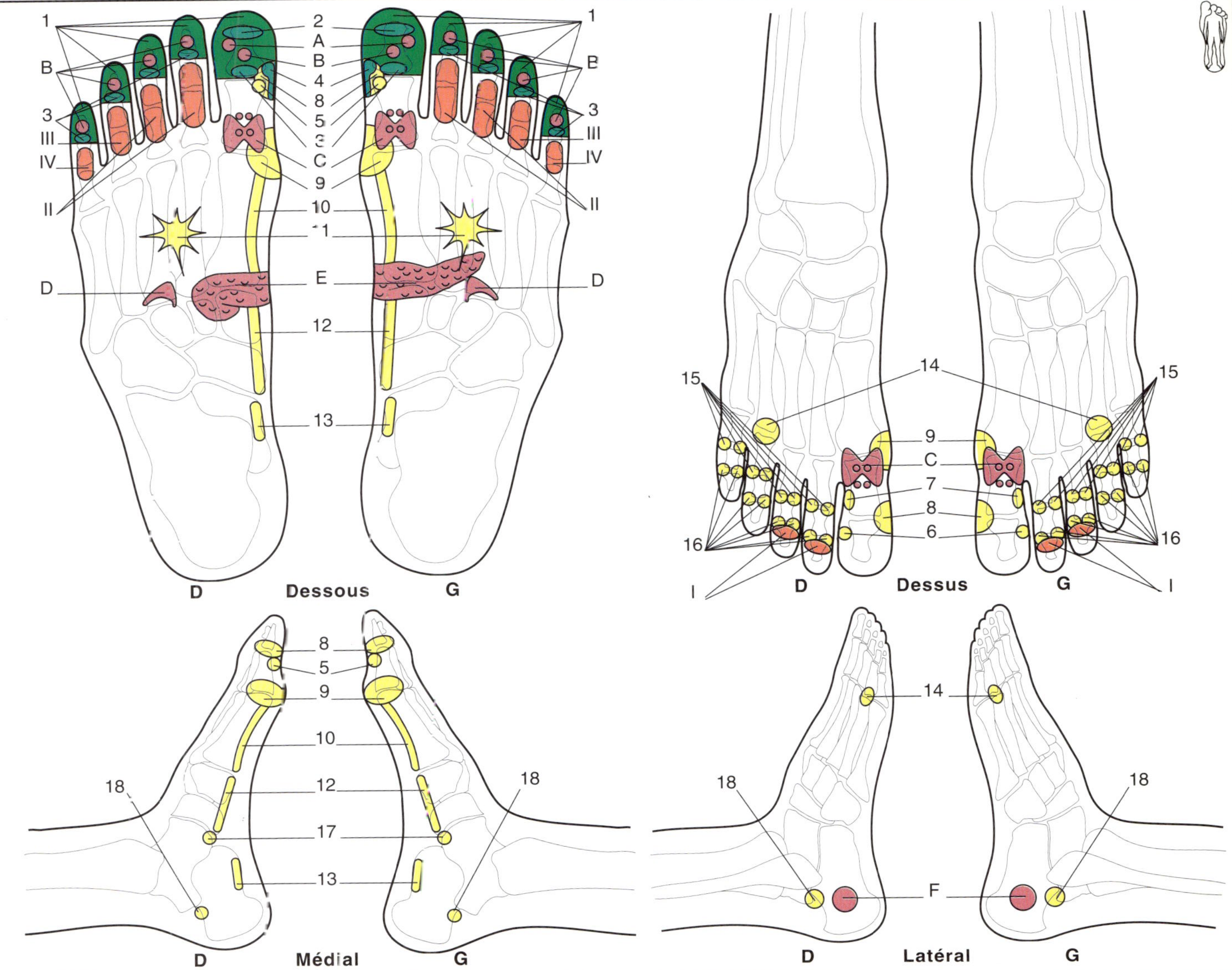

Chapitre 8

Planches de zones réflexes vue d'ensemble

Zones plantaires

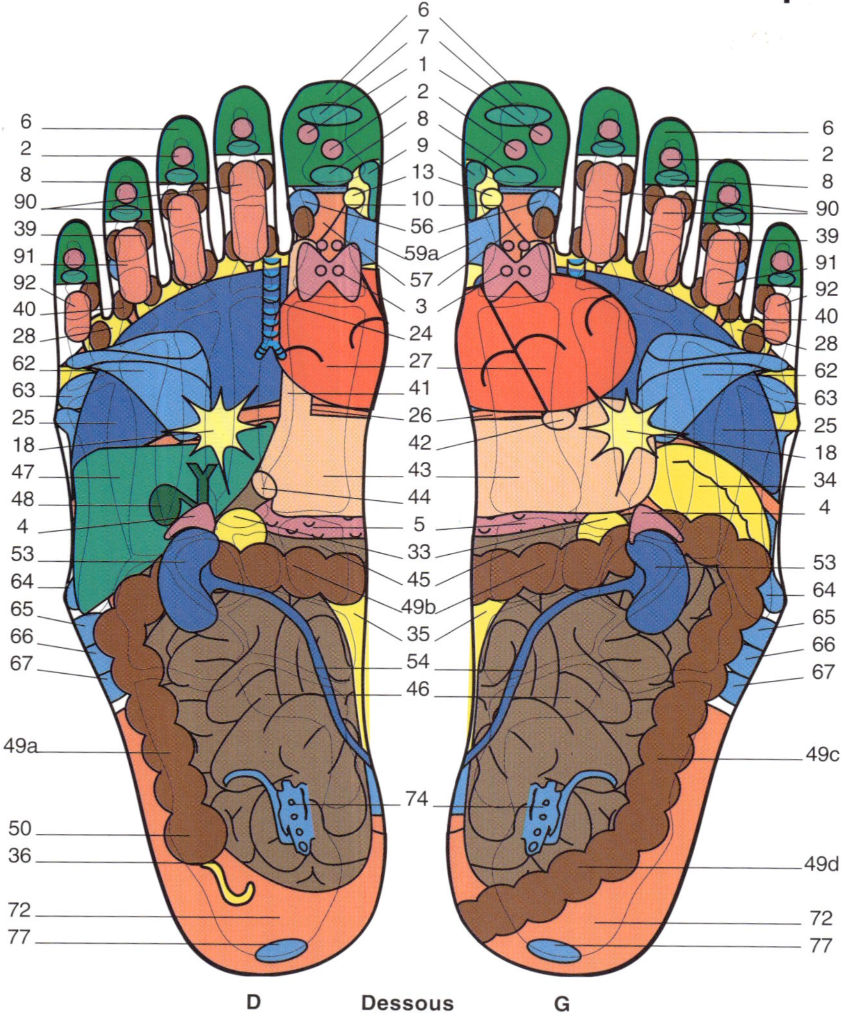

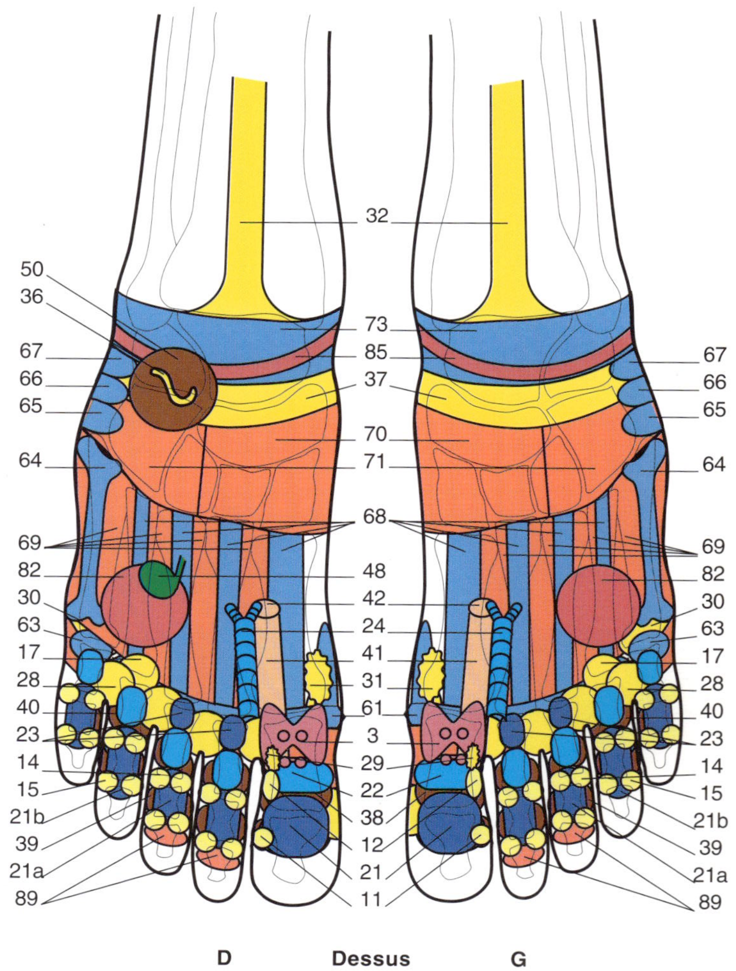

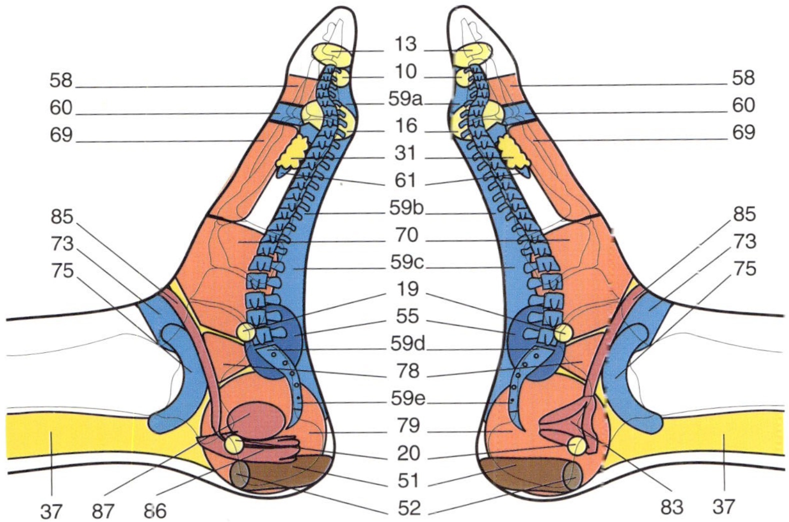

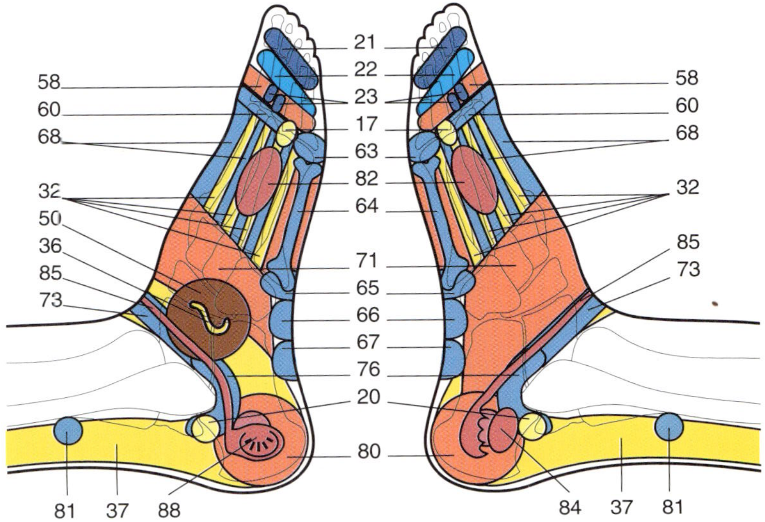

Zones endocrines
1 Epiphyse
2 Hypophyse
3 Thyroïde
4 Surrénales
5 Pancréas
Zones nerveuses
6 Cerveau
7 Diencéphale
8 Cervelet
9 Tronc cérébral
10 Nerf phrénique
11 Nerf optique
12 Nerf vestibulaire
13 Plexus cervical
14 Nerf facial
15 Nerf trijumeau
16 Plexus brachial
17 Nerf radial
18 Plexus solaire
19 Nerf femoris
20 Nerf sciatique
Zones respiratoires
21 Sinus
a frontaux
b maxillaires
22 Pharynx
23 Larynx
24 Trachée
25 Poumons
26 Diaphragme
Zones circulatoires
27 Coeur
Zones lymphatiques
28 Ganglions du cou et de la nuque
29 Amygdales
30 Ganglions de l'aisselle
31 Thymus
32 Canal thoracique
33 Citerne de Pecquet
34 Rate
35 Chylifères
36 Appendice
37 Ganglions inguinaux
Zones digestives
38 Bouche
39 Dents supérieures
40 Dents inférieures
41 Oesophage
42 Cardia
43 Estomac
44 Pylore
5 Pancréas
45 Duodénum
46 Jéjuno-iléon
47 Foie
48 Vésicule biliaire
49 a Côlon ascendant
b Côlon transverse
c Côlon descendant
d Côlon sigmoïd
50 Caecum
51 Rectum
52 Anus
Zones urinaires
53 Reins
54 Uretère
55 Vessie
Zones motrices
56 Apophyse mastoïde
57 Nuque
58 M.* scalènes
M.* sternocléidomastoideus
59 a Colonne cervicale
b Colonne dorsale
c Colonne lombaire
d Sacrum
e Coccyx
60 Clavicule
61 Sternum
62 Omoplate
63 Art.** de l'épaule
64 Humérus
65 Coude
66 Avant-bras
67 Main
68 Côtes
69 M.* intercostaux
70 M.* abdominaux internes
71 M.* abdominaux externes
72 M.* lumborum
73 Région inguinale
74 Art.** sacro-iliaque
75 Symphyse pubienne
76 Hanche
77 Tuberosité ischiatique
78 Périnée
79 M.* du petit bassin
80 M.* fessiers
81 Genou
Zones génitales
82 Glandes mammaires
83 Utérus
84 Ovaires
85 Trompes ou urètre
86 Penis
87 Prostate
88 Testicules
Zones optiques
89 Globe oculaire et ses m.* moteurs
90 Chiasme optique Corps genouillés latéraux
Zones auditives
91 Oreille moyenne et interne, labyrinthe
92 Oreille externe

* muscle(s) ** articulation(s)

Chapitre 9

Le déroulement d'une séance

1. La mise en place

La personne traitée doit être installée confortablement. L'idéal est de travailler sur une table de massage. Assurez-vous que la nuque du patient soit dans une position de détente. Si nécessaire, ajoutez un coussin sous la tête. Les lombes doivent être autant que possible à plat. Il est généralement indiqué de placer un rouleau ou une couverture enroulée sous les genoux. Les lombes peuvent alors reposer plus facilement sur la table et se détendre.

Parfois, une pression sur le sacrum se fait sentir, surtout à la première séance qui dure généralement au moins 40 minutes. Relevez alors encore plus les jambes ou les genoux à l'aide de couvertures. Puis couvrez la personne de façon à ce qu'elle n'ait pas froid pendant le traitement.

Pour que la stimulation donnée aux zones plantaires puisse se propager au maximum dans le corps, il est recommandé de dégager les articulations des épaules, de la nuque et éventuellement des hanches. Les blocages s'emmagasinent principalement aux articulations. En les dégageant, on optimise les effets de la réflexologie plantaire.

2. Manipulations préparatoires

On prend toujours contact avec les deux pieds en même temps. Prenez-les en mains, étirez-les au niveau des talons, agissez sur quelques zones lymphatiques avant de commencer la manipulation de chenille.

Quel que soit le malaise de la personne traitée, il est bon de commencer par manipuler la zone réflexe du diaphragme afin d'apaiser la respiration. Ensuite, le réflexologue manipule toute la zone réflexe de la colonne vertébrale. La zone réflexe de la colonne vertébrale sera notre guide pour trouver les zones causales.

3. Traitement

Le système nerveux est de structure segmentale. On appelle un segment l'ensemble des parties qu'un nerf spinal influence. Ces différentes parties sont nommées suivant les tissus excités (dermatome, myotome, viscérotome, ostéotome etc.). Ces différentes branches nerveuses sont en communication avec le segment correspondant de la mœlle épinière.

Les organes sont innervés par les nerfs spinaux. Tout dérèglement d'un organe aura soit comme suite, soit comme cause, également une perturbation de sa transmission nerveuse. Celle-ci se répercute sur tout le segment.

Les perturbations au niveau de la transmission nerveuse se répandent sur d'autres fibres du même segment et influencent les dermatomes (la peau), myotomes (les muscles), viscérotomes (les organes), ostéotomes (les os) que ce segment excite. C'est ainsi qu'un dérèglement des intestins change le tonus des muscles lombaires ou qu'une infection aiguë de l'appendice entraîne une contraction des muscles abdominaux.

En manipulant la zone réflexe de la colonne vertébrale, on peut détecter les segments perturbés grâce aux zones qui se révèlent sensibles. L'organe correspondant au segment a de fortes chances d'être également touché.

La zone réflexe de la colonne vertébrale reflète avec exactitude toutes les vertèbres de la colonne vertébrale. Les zones douloureuses se manifestent souvent sur un point précis, à un demi millimètre près. Elles indiquent alors une vertèbre précise. Les repères sont :
– l'articulation de la phalange et du métatarse, correspondant au passage de la cervicale 7 à la dorsale 1
– le passage de la plante à la voûte, qui d'une part se reconnaît au changement de texture de l'épiderme, et d'autre part en traçant une ligne imaginaire de la dorsale 1 au « coup de pied », dont le milieu correspond aux dorsales 6 et 7
– le « coup de pied », base proximale du métatarse I, qui correspond à la dorsale 12 et à la lombaire 1
– la partie renflée du talon correspond au début du sacrum.

Avec ces repères, le réflexologue peut déterminer avec exactitude les vertèbres correspondant aux zones douloureuses.

Elles indiquent très souvent non seulement une douleur dans le dos à ce niveau, mais également une perturbation de la transmission nerveuse de tout le segment. Les os, les muscles, la peau et les organes irrigués par ce segment seront tous plus ou moins affectés.

A. Détecter les segments perturbés.

Ainsi, des points ou des zones douloureuses le long de la zone réflexe de la colonne vertébrale indiquent très souvent également des organes perturbés correspondant au segment. Ces points ou ces zones douloureuses le long de la colonne vertébrale servent d'orientation au réflexologue pour déterminer les organes ou les systèmes perturbés. Cela permet une avance plus rapide dans le traitement et une stimulation plus intensive sur les zones causales.

Les organes, tout comme les muscles, les tissus et la peau, sont innervés par plusieurs nerfs spinaux, donc plusieurs segments correspondent à un organe. La nature a prévu toute chose en abondance, de manière à éviter qu'un déroulement harmonieux puisse être perturbé. Dans le cas où un segment « tomberait en panne », d'autres segments peuvent effectuer son travail. Bien sûr dans certaines limites...

La séance avance en suivant les zones douloureuses. Par exemple, si un point sur la zone réflexe des cervicales 2 à 5 est douloureux, il y a de fortes chances que les organes correspondant à ce segment soient mal innervés. Cela engendre des perturbations fonctionnelles à ce niveau. Le réflexologue vérifie alors les zones réflexes du cerveau, des sinus, du système optique et auditif. Si le point douloureux se situe dans les cervicales basses (5 à 7), le réflexologue teste la glande thyroïde.

Si la zone réflexe des dorsales 2 à 4 se révèle douloureuse, la zone du cœur est à vérifier. Une zone réflexe douloureuse des dorsales 1 à 7 laisse supposer un dysfonctionnement des poumons.

Ainsi, suivant l'étendue de la zone douloureuse, le réflexologue pense à vérifier plutôt certains systèmes que d'autres. L'examen du pied en général, le teint et le comportement du sujet ajoutent des informations au réflexologue qui cherche à détecter les zones causales le plus rapidement possible.

Une zone réflexe des dorsales 6 à 12 douloureuse fait penser aux organes de l'estomac ou du pancréas, sur le pied droit le foie et sur le pied gauche, la rate. Une zone réflexe douloureuse de la rate appelle à vérifier les zones lymphatiques (voir élément Terre), et ainsi, de fil en aiguille, le réflexologue peut arriver au cœur du problème.

Une zone réflexe douloureuse juste au passage des dorsales avec les lombaires, la dorsale 12 et la lombaire 1, indique un éventuel surmenage des reins.

Des zones réflexes douloureuses des lombaires 1 à 4 appellent la vérification des intestins, celles des lombaires 3 au sacrum demandent à examiner la vessie et uniquement une zone réflexe du sacrum douloureuse est une indication pour les organes génitaux, le colon sigmoïde et le rectum.

La zone réflexe de la colonne vertébrale est donc une zone riche en informations pour le réflexologue. Il y détecte non seulement l'état de tension dans le dos, mais également les organes éventuellement perturbés. Il contrôle ces indices en vérifiant la sensibilité des zones réflexes des organes concernés.

B. Vérifier les fonctions attribuées à l'organe de la zone.

Lorsqu'une zone réflexe se montre douloureuse, elle n'indique pas forcément une perturbation de l'organe lui-même, mais de toutes ou l'une des fonctions attribuées à cet organe. Le foie, par exemple, gère également la vue et la consistance des tendons et des ongles. Un sujet qui souffre d'hypertension, de myopie ou de luxations régulières à la cheville peut montrer une zone réflexe du foie douloureuse, sans avoir jamais eu de maladie au foie.

Une zone réflexe du cœur douloureuse n'indique pas l'infarctus dans les temps proches, du moins pas forcément. Elle peut signifier une perturbation de l'une des fonctions liée au cœur : le sommeil, la concentration, la voix... (voir élément Feu). Cette personne se plaint peut-être d'insomnies ? Elle est sans cesse agitée ? Elle bégaie ou souffre d'une paralysie de la voix ? Le réflexologue doit être prudent en « dévoilant » son diagnostic, à moins de préciser que les fonctions attribuées à l'organe peuvent être perturbées sans que l'organe lui-même soit atteint.

Après avoir détecté les zones réflexes des organes douloureux, il passe aux zones réflexes des fonctions attribuées à ces organes. Par exemple, la zone réflexe de la rate se révèle sensible. L'une des fonctions attribuée à cet organe est la distribution des liquides dans l'organisme (voir élément Terre). Ce sont alors les zones réflexes du système lymphatique qu'il faut vérifier. Le système lymphatique peut être stagnant et les zones douloureuses même chez des personnes ne souffrant apparemment pas d'œdème. Elles peuvent se plaindre de peau sèche aux extrémités uniquement, ou avoir les pieds et les mains froids...

Le lien entre la peau et les poumons est aujourd'hui bien établi (voir élément Métal). Une zone réflexe des poumons douloureuse n'indique pas forcément une infection respiratoire, mais peut aussi révéler un dysfonctionnement dans la respiration et l'élimination par la peau, ce qui se manifeste par de l'eczéma ou une névro-dermite.

Ainsi, le réflexologue va effectuer son bilan de santé en détectant les organes et les systèmes perturbés. Il ne s'agit pas d'un diagnostic dans les sens occidental du terme, car le réflexologue ne peut déterminer la nature de la perturbation. Il peut par contre analyser la nature du déséquilibre du point de vue énergétique. La consistance des tissus, la réaction à la douleur de la personne traitée et la durée de la douleur sur les zones réflexes sont des indices sur la nature du déséquilibre : hyperfonction, hypofonction, stagnation, surcharge, manque ou excès d'énergie (voir le yin et yang dans les tissus plantaires).

Qui commence à ne plus voir des maladies, mais des déséquilibres, peut mesurer la richesse de ce système. L'organisme deviendra vivant à ses yeux. Il découvrira l'inter-dépendance des systèmes physiologiques entre eux, l'interdépendance du corps avec le psychisme, et l'interdépendance de l'organisme avec la terre, dévoilé dans les pieds... Les pieds lui parleront, ses mains répondront.

On me demande souvent : « N'est-ce pas fatigant ? ». Comment cela pourrait-il me fatiguer ? C'est le pouce qui travaille, qui perçoit la consistance des tissus, qui réagit et s'adapte. Le pouce devient une grande oreille qui enregistre les demandes et agit en correspondance avec ceux-ci. Lui connaît exactement la trajectoire de la zone réflexe du gros colon transverse (qui peut extrêmement varier) à travers la voûte plantaire. De cette manière, le réflexologue agit sur les zones plantaires. Il existe bien sûr une fatigue musculaire au niveau de l'articulation du pouce pour celui qui n'est pas habitué.

Durant la séance, on passe régulièrement d'un pied à l'autre. On évite de traiter trop longtemps une zone réflexe sur un pied sans traiter l'autre pied.

Entre chaque zone douloureuse, il est recommandé d'appliquer quelques manipulations lymphatiques, calmantes et enveloppantes, afin de « rassurer » l'organisme.

4. Manipulation de fin de séance

Il est conseillé de terminer la séance par des manipulations lymphatiques intensives, puis de procéder aux zones réflexes urinaires. Une séance de réflexologie plantaire mobilise les cristaux en les dissolvant et accentue le métabolisme des cellules non seulement dans les pieds mais aussi dans l'organisme. La plupart des personnes traitées ressentent cette stimulation dans tout le corps.

Les dépôts et les déchets ainsi activés vont être évacués par la lymphe et le sang. La lymphe se déverse dans la grande circulation et les reins ont la fonction de filtrer le sang afin d'en extraire les impuretés, et de les éliminer sous forme d'urine. Le réflexologue facilite ce travail en activant la zone réflexe du rein en fin de séance.

La séance se conclut en établissant le contact avec les deux pieds, par exemple, le poids des pieds repose dans les mains du réflexologue. Eventuellement, en tout dernier contact, il peut harmoniser la glande de l'hypophyse en posant délicatement les pouces sur sa zone réflexe, en ne lâchant qu'après avoir senti un pouls régulier battre simultanément dans les deux pieds.

Le réflexologue doit bien se rincer les mains jusqu'aux coudes à l'eau froide, puis se laver les mains au savon à l'eau tiède. Si vous ne croyez pas à l'accumulation énergétique dans les mains, essayez de traiter cinq personnes en une journée ! Sûrement aurez-vous l'impression, en fin de journée, de ne plus avoir des mains, mais des sacs gonflés au bout de vos bras !

Il est bon de laisser la personne traitée quelques minutes allongée, avant qu'elle ne s'assoie lentement.

Le réflexologue peut conseiller des zones réflexes douloureuses à stimuler en auto-traitement, que le patient applique soit tous les matins ou tous les soirs, ou en regardant la télévision... La condition est que son articulation de la hanche soit assez souple afin de pouvoir poser le dessus du pied sur la cuisse de l'autre jambe. L'auto-traitement permet au patient d'être plus attentif à son corps et lui donne la possibilité d'agir sur ses douleurs et ses malaises.

Chapitre 10

Les zones réflexes douloureuses

1. Signification des zones douloureuses

Une zone réflexe douloureuse indique une perturbation de l'organe au moment du traitement. Le réflexologue ne peut tirer de conclusion sur la nature de la perturbation, c'est-à-dire ne peut donner de diagnostic dans le sens où la médecine allopathique l'entend.

Par exemple, une zone réflexe du poumon qui se révèle douloureuse ne permet pas d'affirmer s'il s'agit d'asthme, de bronchite, d'emphysème ou de pneumonie. Elle indique simplement un déséquilibre à ce niveau au moment du traitement.

Pour le réflexologue, que le déséquilibre se nomme asthme, bronchite, emphysème ou pneumonie n'a en fait pas d'importance. Quelle que soit la manifestation, elle est un déséquilibre de la fonction physiologique et son travail sera le même dans tous les cas : rétablir l'équilibre (du moins montrer le chemin, seul le malade se guérit).

En plus de la manifestation douloureuse en elle-même, la réaction du patient, la consistance des tissus et le développement de la douleur sont tous des indices importants pour le réflexologue, qui lui aident à déterminer le genre de déséquilibre dans le sens énergétique et non fonctionnel. Il peut percevoir s'il s'agit d'une situation yang, c'est-à-dire une hyperfonction, une inflammation, ou une situation yin, c'est-à-dire une hypofonction, une stase, une accumulation.

Une zone réflexe qui se manifeste douloureuse lors d'une séance mais ne l'est plus à la suivante indique généralement une sur-fatigue due à une circonstance extérieure, qui s'est passée dans un passé proche, par exemple une zone réflexe des yeux douloureuse après une longue conduite en voiture ou une zone réflexe des lombes douloureuse après une longue marche.

Un surmenage périodique peut créer des zones réflexes douloureuses, par exemple celle du système nerveux en période d'examen ou une zone réflexe du cœur après un sport compétitif. En général, les zones réflexes qui apparaissent de façon passagère dévoilent quand même une disposition chez l'individu. Il devra faire attention à ne pas accentuer ces dispositions par son mode de vie.

Une zone réflexe peut montrer un terrain prédisposé, sans que le patient ne ressente encore de malaise. C'est là un des meilleurs aspects de la réflexologie plantaire : son action préventive. Par exemple, les zones réflexes respiratoires sont douloureuses quelques jours avant une angine aiguë. Traitée à temps, celle-ci se déroule beaucoup plus faiblement. Une zone réflexe de l'articulation de l'épaule douloureuse annonce des semaines auparavant l'apparition d'une périarthrite. Traitée régulièrement, elle peut minimiser les douleurs ou éviter l'immobilité de l'épaule.

Des maladies aiguës, telles que la gastrite, l'otite, la néphrite donnent des zones réflexes correspondantes douloureuses, aussi bien que des maladies chroniques comme la bronchite ou la constipation.

Des zones réflexes douloureuses peuvent dévoiler une hyperfonction, comme une hyperthyroïdie, ou une hypofonction hormonale ou digestive.

Les zones réflexes sont également douloureuses en cas de dégénération, d'atonie ou d'atrophie, comme dans l'entéroptose, la baisse de l'utérus, l'arthrose, etc.

L'hérédité peut se cristalliser au niveau des zones plantaires. Une élève en Heilpraktiker*, 29 ans, vint me voir pour régulariser son diabète. La zone réflexe des reins se montrait extrêmement perturbée, à sa surprise, n'ayant eu aucun malaise ni aux reins, ni aux fonctions attribuées aux reins : articulations, vessie, organes génitaux... (voir élément Eau). A la question sur la santé de ses parents, elle se souvint que sa mère souffre de cailloux dans les reins.

Les zones plantaires peuvent se montrer douloureuses à la suite de fractures, de blessures ou de contusions. La réflexologie plantaire s'applique très bien dans ces cas-là et permet une réhabilitation plus rapide, stimule le système circulatoire et donne à l'organisme l'énergie nécessaire pour surmonter le traumatisme, qui peut subsister au niveau énergétique.

Des déformations dans le squelette du pied impliquent des dérangements dans l'irrigation des zones plantaires. Des zones plantaires mal irriguées perturbent la provision énergétique des organes. Vice versa, des organes perturbés agissent également sur la statique du pied. Il est difficile de demander où la perturbation a débuté, parce qu'il s'agit de réciprocité. Les liens entre l'organisme et les pieds s'influencent mutuellement.

Très souvent, les zones réflexes douloureuses révèlent l'arrière-plan du malaise du patient. Un malaise ne surgit jamais par hasard, mais se déroule en plusieurs étapes. Les zones réflexes peuvent nous révéler cette histoire (voir les zones causales).

---

* Diplôme d'Etat de Médecine naturelle en Allemagne.

2. Manipulations des zones douloureuses

Vous avez trouvé un point douloureux, soit sur votre propre pied, soit sur le patient. Pratiquez alors une pression constante sur le point. Gardez la pression initiale, sans l'augmenter, ni la déformer par des mouvements circulaires. Il n'est pas nécessaire d'appuyer plus fort, ou de vouloir écraser quelque chose. La pression doit être directe, simple, tranquille.

Notez ensuite si la douleur diminue, si elle reste constante, ou si elle augmente. N'hésitez pas à demander au patient de quelle manière la douleur évolue.

Si la douleur diminue, faites une pression rythmique sur place. Pressez, détendez, pressez, détendez et ainsi de suite toujours sur la même zone réflexe.

Si la douleur reste constante, maintenez la pression jusqu'à ce qu'elle diminue ou augmente.

Si la douleur augmente, retracez la ligne avec le mouvement de chenille, sans rester sur le point douloureux. Travaillez les zones aux alentours de façon à aborder la zone indirectement. Une douleur trop forte bloquera les tissus et aura l'effet inverse que celui recherché.

Parfois, le réflexologue a déjà dépassé le point durant le laps de temps où le patient exprime la douleur. Il suffit alors de « retracer » la même trajectoire, en avançant plus doucement, et en demandant à la personne traitée où se situe exactement le point, qui peut être au demi-millimètre près.

Soyez également attentif à la qualité des tissus. Votre pouce peut sentir des zones réflexes dures, granuleuses, électriques, vides ou blessées entre autres. La nature des tissus des zones réflexes est un indice sur le genre du déséquilibre de l'organe concerné. Elle détermine le taux de yin et yang dans le système correspondant à la zone réflexe (voir chapitre « Le yin et yang dans les tissus plantaires »).

3. Différenciation des zones se superposant

Admettons qu'on trouve un point douloureux sur le talon. Si ce point est très précis et ne concerne que les zones réflexes génitales, on pensera à celles-ci. Si par contre tout le calcanéum s'avère sensible, on pensera aux zones réflexes musculaires du bassin, peut-être à une hypertension des muscles. Si la région douloureuse s'étend jusqu'au dessus du calcanéum, sur les côtés internes et externes du tendon d'Achille, on pensera à un système lymphatique surchargé ou stagnant.

Si toute la région du talon se révèle sensible, avec un point réflexe des organes génitaux spécialement douloureux, cela pourra indiquer chez la femme une inflammation des ovaires. Une inflammation agira sur le système lymphatique avec une hausse d'activité du système immunitaire et les muscles du bassin se rétracteront comme une réaction de défense à la douleur.

La zone réflexe des articulations sacro-iliaques se superpose à la zone réflexe des intestins. Si tout le tarse antérieur est douloureux, cela indique une difficulté au niveau des intestins. Par contre, s'il s'agit uniquement de la zone réflexe des articulations sacro-iliaques qui apparaît sensible, on pensera soit à une micro-lésion articulaire ou une rotation plus ou moins prononcée du bassin. Mais souvent, les parties du corps étant interdépendantes, une difficulté au niveau des intestins provoquera une raideur au niveau micro-articulaire du bassin, et inversement.

Une douleur à la base proximale des métatarses I et II et du cunéiforme I indique les zones réflexes de l'estomac, du pancréas, du duodénum, et du gros colon. L'expérience montre que lorsqu'il s'agit d'un point précis qui ne s'étend pas aux alentours, il s'agit souvent du pancréas. Il est recommandé de s'orienter aussi à la nature du malaise du patient.

4. Evaluations des zones douloureuses

Après avoir effectué l'évaluation visuelle, c'est-à-dire noté les endroits où s'amasse la corne, les déformations osseuses, la différence de couleur d'une zone à une autre, le réflexologue procède à la manipulation.

Il note les zones douloureuses sur une planche anatomique de pieds vierge (voir à la fin de ce livre) et différencie, grâce à un entretien avec le patient, les zones symptomatiques des zones causales.

Les zones symptomatiques correspondent aux organes où le patient ressent des malaises, alors que les zones causales sont des zones où le patient n'a pas de symptôme, mais qui peuvent éclaircir l'arrière-plan de son présent malaise.

Les zones causales nous montrent l'origine éventuelle d'un malaise, par exemple une zone génitale perturbée qui se manifeste par une sciatique, ou une zone du foie surchargée qui provoque une épaule douloureuse (voir zones causales). Les zones causales indiquent également les parties surmenées correspondant au symptôme présent, par exemple une zone réflexe du plexus solaire perturbée à la suite de douleurs intensives ou des zones lymphatiques sensibles en cas d'inflammation.

Chapitre 11

Les zones causales

Les zones causales sont des zones réflexes qui se révèlent douloureuses lors d'une séance, mais le patient ne ressent pas consciemment de symptôme à l'organe correspondant à la zone réflexe. Par exemple, la zone réflexe du poumon peut se montrer douloureuse, alors que le patient ne souffre d'aucun malaise respiratoire. Ces zones réflexes sont toutefois prises en considération car elles indiquent un organe affaibli qui est fort probablement en relation avec la maladie, d'où leur nom : zones causales.

1. L'organisme est un tout

L'organisme représente une unité en lui-même et les fonctions physiologiques sont interdépendantes. Pour chaque perturbation, qu'elle soit d'origine interne ou externe, le corps s'efforcera d'en atténuer les conséquences de façon à sauvegarder son bon fonctionnement et minimiser la douleur. Il ne peut se protéger ainsi qu'en dispersant le dysfonctionnement, d'après la « réflexion »: « Il vaut mieux que tout aille moins bien, plutôt qu'un seul système ne fonctionne pas du tout » !

Le symptôme est donc le bout d'une longue chaîne de disharmonie. Il se manifeste rarement à l'endroit de la cause. Ce n'est que lorsque l'organisme n'arrive plus à compenser qu'apparaît le symptôme. Il peut ne surgir que des mois, voire des années après.

A la différence d'un traitement symptomatique, où l'on ne manipulerait chez un patient souffrant de douleurs d'estomac que la zone réflexe de l'estomac, le traitement global cherche à déterminer l'arrière-plan de la maladie. Le patient souffrant de douleurs d'estomac a peut-être des glandes surrénales trop actives ou un plexus solaire qui a tout autant besoin de traitement. Un patient avec une raideur et une douleur à l'épaule souffre peut-être du foie ou d'une mauvaise statique de la colonne vertébrale.

2. Les compensations

Avant d'être ressenti comme un malaise par la personne, son organisme s'est efforcé d'équilibrer le dérangement à lui seul, afin d'assurer son fonctionnement, bien qu'un peu atténué. Ainsi, il repousse, repousse la surcharge, s'en prend à ses voisins, emprunte à ses amis, accuse ses proches avant de vraiment « admettre » son incapacité à gérer la difficulté. Un malaise ne surgit jamais par hasard, mais a une longue histoire de différentes étapes. Les zones réflexes peuvent nous révéler cette histoire.

Une patiente vient me consulter pour un torticolis dont elle n'arrive pas à se débarrasser depuis des semaines. La première séance révèle une zone réflexe du foie douloureuse. Elle n'a rien au foie mais des fonctions liées à cet organe montrent des faiblesses : des yeux irrités, auparavant, une tendinite. La seconde séance met à jour une zone réflexe du rein douloureuse. Douleur tout d'abord incompréhensible lorsque, la détente aidant, la patiente se souvient qu'un de ses reins avait cessé de fonctionner après son accouchement. A la troisième séance, les zones réflexes respiratoires se manifestent. A la demande s'il ne s'agit pas d'une faiblesse héréditaire, elle répond par la négative. En revanche, elle se souvient très bien d'une crise d'asthme qu'elle aurait eu enfant, unique et apparemment « sans conséquence ».

Pas toutes les séances « remontent la bobine » aussi clairement. Il est rare que les zones réflexes douloureuses changent si rapidement d'une séance à l'autre. En général, elles se révèlent toutes plus ou moins à la première séance.

Le cas d'un monsieur de 61 ans, opticien, souffrant d'une périarthrite huméroscapulare, démontre bien qu'une mauvaise élimination peut se répercuter sur les articulations. Il ne pouvait lever le bras droit sans éprouver de grandes douleurs, et il lui était impossible de se peigner ou de se brosser les dents avec la main droite. Enfiler un manteau lui était difficile.

En plus de la zone réflexe de l'articulation de l'épaule sur le pied droit, les zones réflexes urinaires et du gros colon étaient perturbées, sans qu'il ait de symptôme de constipation ou de douleurs rénales. A la quatrième séance, la zone réflexe de l'épaule n'était plus douloureuse, par contre celle de gauche se manifesta durant deux séances, c'est ce qu'on appelle une « réaction de transfert ». Au bout de dix séances, les zones réflexes s'étaient améliorées, et son épaule ne lui causa plus de douleur.

La médecine chinoise connaît bien l'interrelation des organes entre eux. Le cœur, par exemple, domine l'élément Feu et se situe dans la partie haute du tronc. En revanche, le rein domine l'eau et se trouve dans la partie basse du tronc. Leur relation est, d'après cette médecine, d'équilibrer l'eau et le feu, le yin et le yang, le mouvement ascendant et descendant. Dans des conditions normales, « le feu du cœur » va donc descendre pour réchauffer le rein, et en retour, « l'eau du rein » doit monter afin d'humidifier le cœur et de l'empêcher de devenir trop actif et de « s'enflammer ».

Ces descriptions peuvent faire éventuellement sourire certains scientifiques, mais la réflexologie plantaire démontre très bien ces interrelations. Des patients souffrant d'angine pectorale montrent très souvent des zones rénales douloureuses. Cette faiblesse des reins est la conséquence d'années stressées et de travail sous pression qui, d'après l'expression bien connue, « brise les reins » et va, « consumer le yin des reins », qui n'a plus assez d'eau pour calmer le cœur.

Lorsqu'un organe n'effectue plus correctement son travail, l'organisme cherche à compenser l'hypofonction. Si l'estomac ne broie pas suffisamment les aliments ingérés, ou si ses sucs gastriques sont insuffisants et les substances ne peuvent être suffisamment dissociées, l'intestin grêle prend sur lui la surcharge de travail à faire pour dissocier les aliments... jusqu'au jour où le foie sera mécontent des substances livrées. Dans son irritation il ne pourra transformer suffisamment de glycogène en glucose. Les tissus alors sevrés iront se plaindre à « Madame Glande », qui réagira tant bien que mal. Et nous voilà avec une pathologie endocrinienne, dont l'origine est... bien éloignée de cette dernière !

Qui ne connaît pas l'histoire de Monsieur Raymond qui se fait réprimander par son patron ? Monsieur Raymond rentre alors énervé à la maison en ruminant les réponses qu'il aurait aimé lui renvoyer, lorsque sa femme lui demande gentiment s'il a pensé à appeler un tel pour son anniversaire. Il explose avec des : « Je n'ai pas que ça à faire ! » et refuse de participer au repas, avec la remarque : « N'es-tu pas capable de cuisiner autre chose ? ». L'épouse crie alors aux enfants de se tenir correctement, et de ne pas jouer avec le beau soufflé, et finalement renvoie l'aîné dans sa chambre. Celui-ci mécontent va tirer la queue du chien, qui s'enfuit dans le jardin et va aboyer auprès du passant... qui a une peur bleue des chiens et, irrité, se rend à son poste pour s'en prendre au premier venu...

L'organisme ne fait pas preuve de plus de sagesse...

3. Les accumulations

L'organisme a une grande capacité d'adaptation. Citons les globules rouges qui, lorsqu'on séjourne en haute altitude où l'oxygène se fait rare, augmente leur nombre d'un tiers. Le corps est pourvu de maintes stations qui contrôlent les besoins des différentes fonctions de l'organisme. Il va réagir en fonction de ceux-ci. Il est constamment en train de mesurer les nécessités et de s'adapter aux besoins, avec l'ultime souci du respect de l'équilibre.

Cette propriété est indispensable à la survie de l'organisme, mais elle possède le revers de la médaille : si l'équilibre ne peut être fait complètement, elle s'arrange avec un « à peu près », et s'adapte à cette situation. Jusqu'au jour où les tâches lui passent par dessus la tête et Aïe... la personne sent le malaise. Mais l'histoire ne débute pas ici, elle commence avec « Il était une fois... » !

Ainsi, la zone réflexe douloureuse ne correspond pas forcément à l'endroit où siège la maladie. Ces zones sont appelées zones causales et nous donnent une orientation pour le traitement.

Les planches qui suivent sont quelques exemples pris dans la variété possible des relations causales d'un même symptôme.

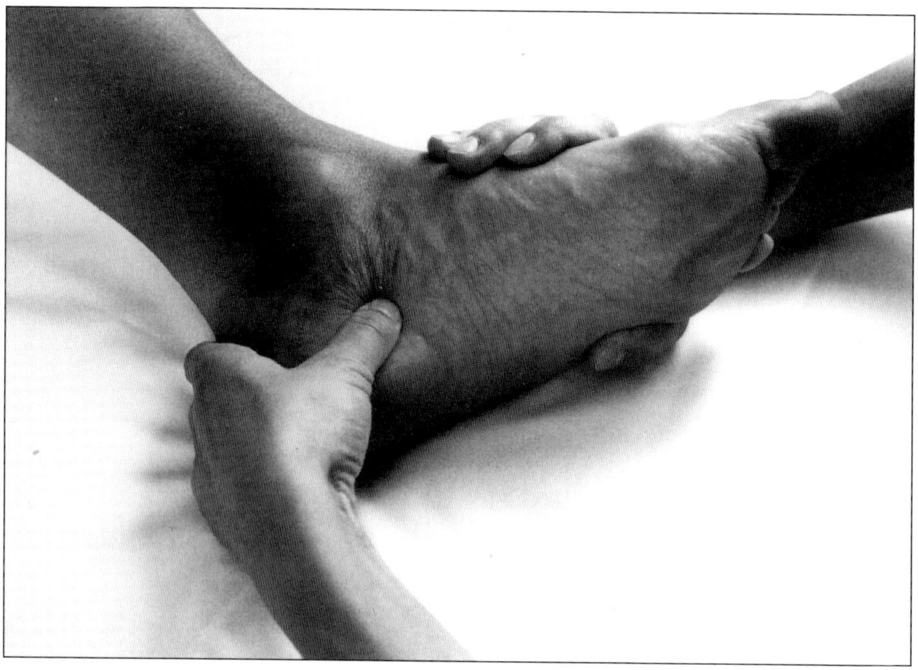

Photo : Gilles DELSAUT

Chapitre 12

Exemples de zones causales pour la migraine

Premier patient souffrant de migraine

Relation causale:
- lenteur du système digestif
- atonie des intestins

Zones symptômatiques:
1 Crâne
2 Tempes
3 Occiput
4 Os frontal

Zones causales:
5 Oesophage
6 Cardia
7 Estomac
8 Pylore
9 Pancréas
10 Duodénum
11 Jéjuno-iléon
12 Cisterna chyli (Citerne de Pecquet)
13 a Côlon ascendant
b Côlon transverse
c Côlon descendant
d Côlon sigmoïde
14 Appendice
15 Caecum
16 Chylifères (lymphatiques abdominaux)
17 Lymphe du bassin Ganglions inguinaux
18 Rectum
19 Anus
20 Canal thoracique

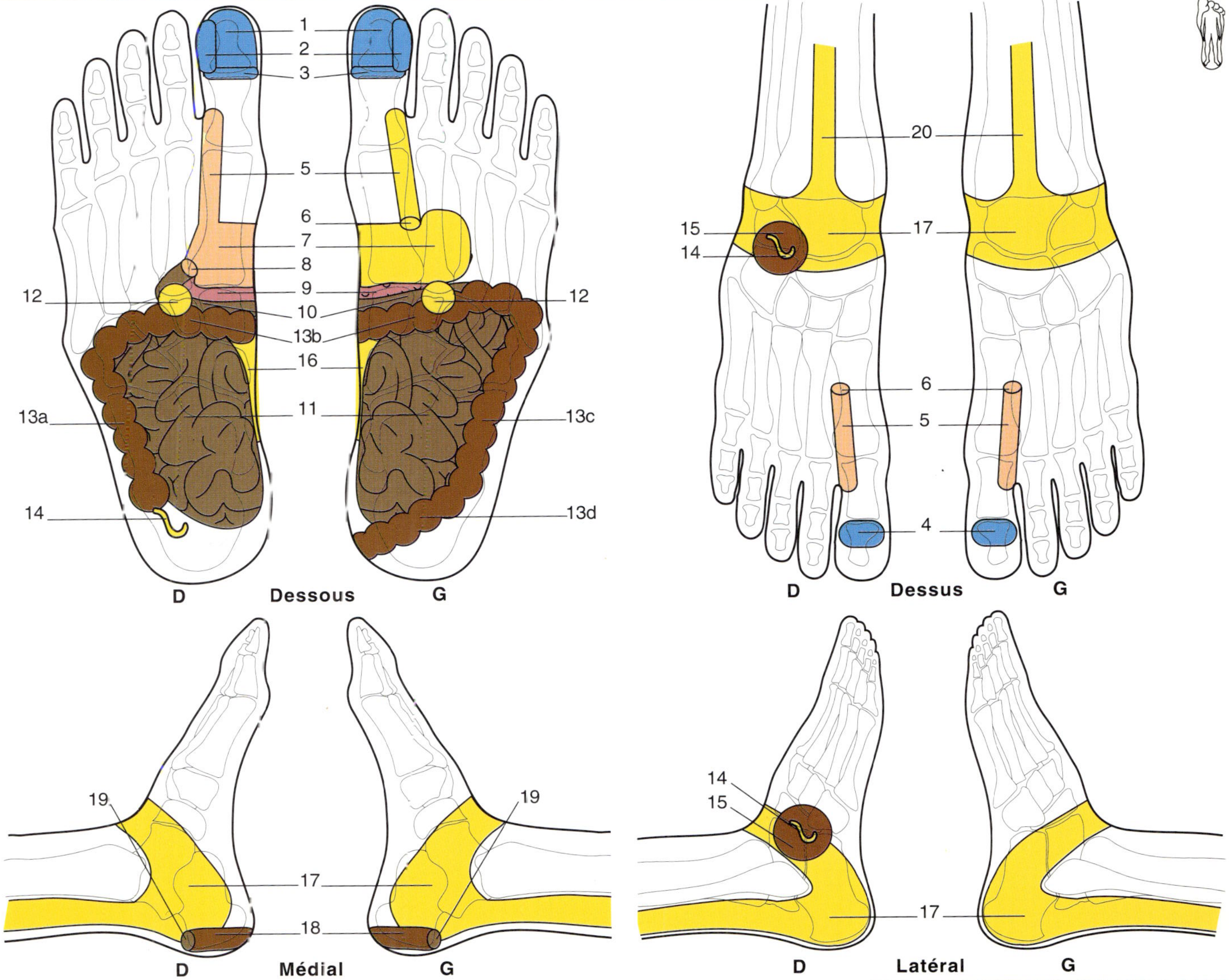

Deuxième patient souffrant de migraine

Relation causale:
- kyste non-douloureux à la mâchoire inférieure

Zones symptômatiques:
1 Crâne
2 Tempes
3 Occiput
4 Os frontal

Zones causales:
5 Dents de la mâchoire inférieure
  a Prémolaire II
  b Molaire I
  c Molaire II
6 Ganglions du cou et de la nuque
7 Rate
8 Lymphe du bassin
  Ganglions inguinaux
9 Canal thoracique

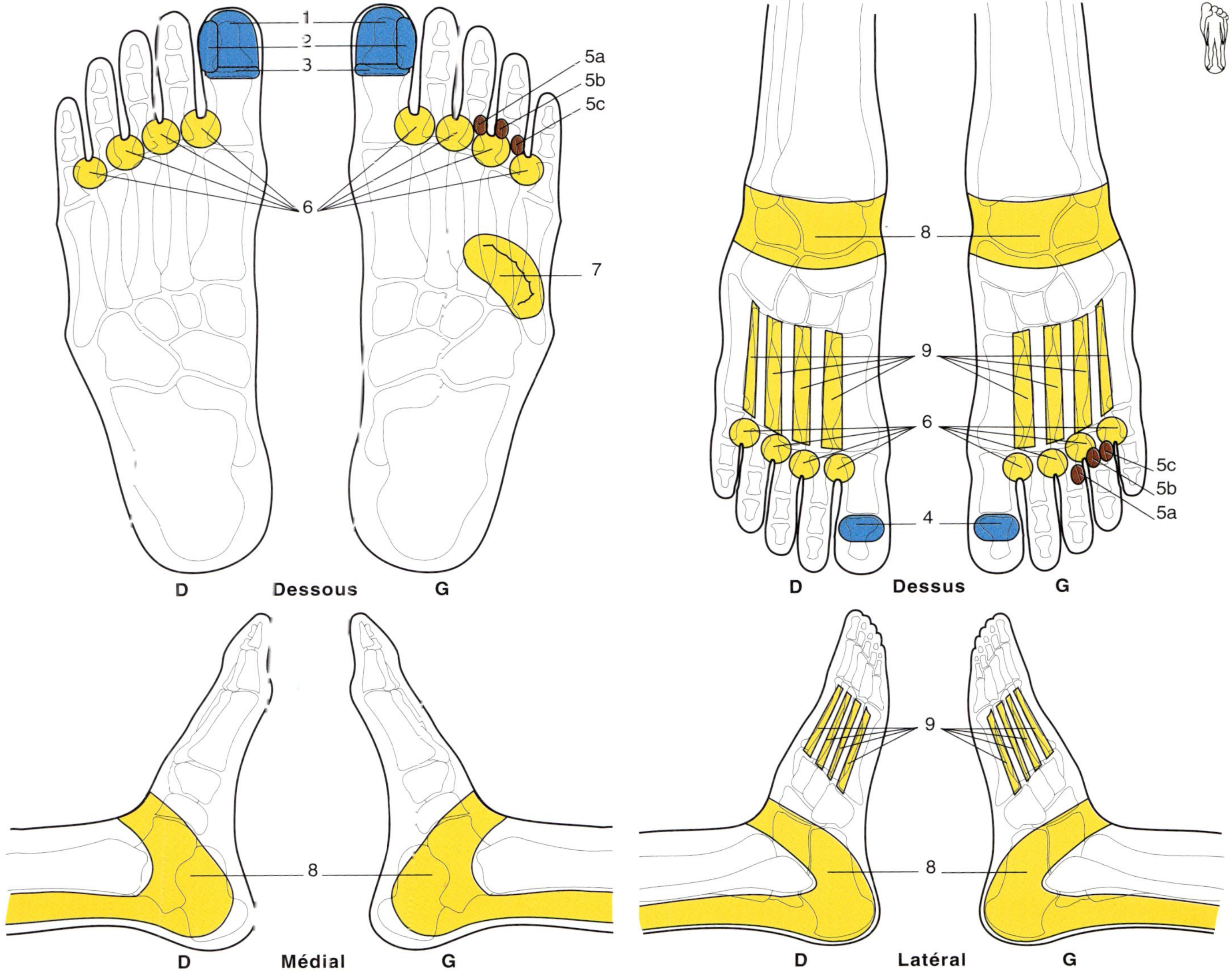

Troisième patient souffrant de migraine

Relation causale:
- hypertension des muscles
  a. du bassin
  b. de la ceinture d'épaule
- perturbation des art.** sacro-iliaques
- légère scoliose

Zones symptômatiques:

1 Crâne
2 Tempes
3 Occiput
4 Os frontal

Zones causales:

5 Nuque
6 M.* trapèze
7 a Colonne cervicale
  b Colonne dorsale
  c Colonne lombaire
  d Sacrum
  e Coccyx
8 M.* rhomboïde
9 Omoplate
10 M.* intercostaux
11 Clavicule
12 M.* scalènes
  M.* sternocléidomastoideus
13 Périnée
14 Symphyse pubienne
15 M.* obturateur interne
  M.* jumeau, M.* iliopsoas
16 M.* fessiers, M.* pyramidal,
  M.* carré crural,
  M.* obturateur externe
17 Art.** sacro-iliaque

* muscles(s) ** articulation(s)

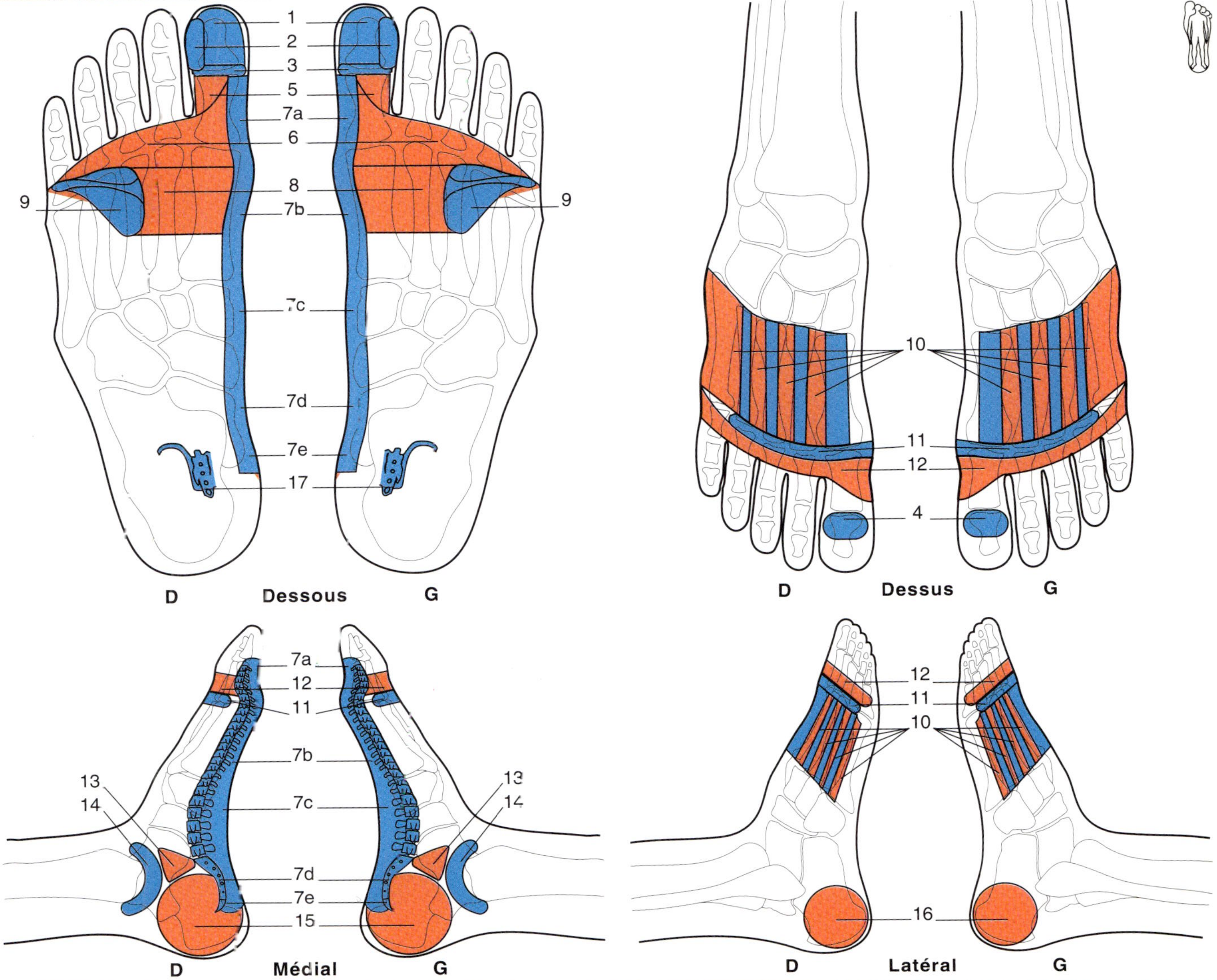

Chapitre 13

Exemples de zones causales pour l'asthme

Premier patient souffrant d'asthme

Relation causale:
- système nerveux hyperactif
- dysfonction végétative
- stress émotionel

Zones symptômatiques:
1 Trachée
2 Poumons
3 Diaphragme
4 Sinus
5 Pharynx

Zones causales:
6 Diencéphale
7 Epiphyse
8 Hypophyse
9 Tronc cérébral
10 Plexus cervical
11 Nerf phrénique
12 Plexus brachial
13 Plexus solaire
14 Nerfs thoraciques
15 Cerveau
16 Cervelet
17 Glandes surrénales
18 Sternum
19 Muscles intercostaux
20 Clavicule

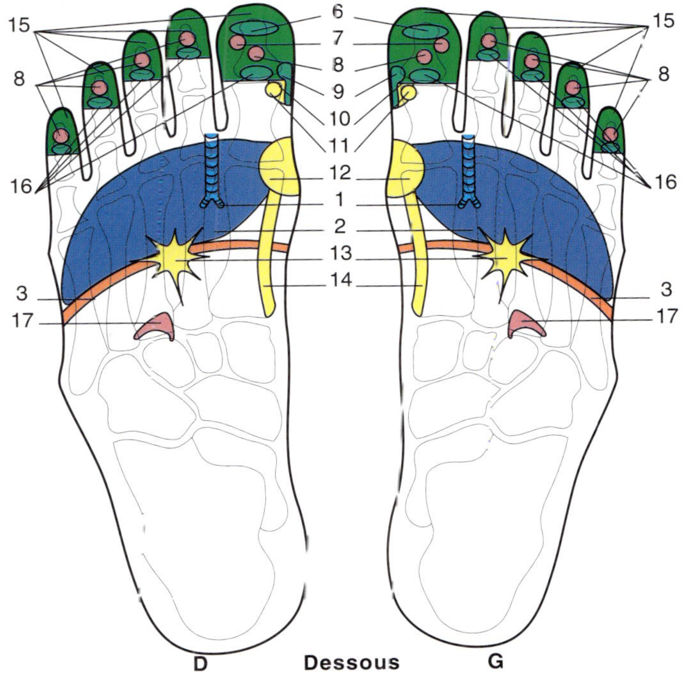

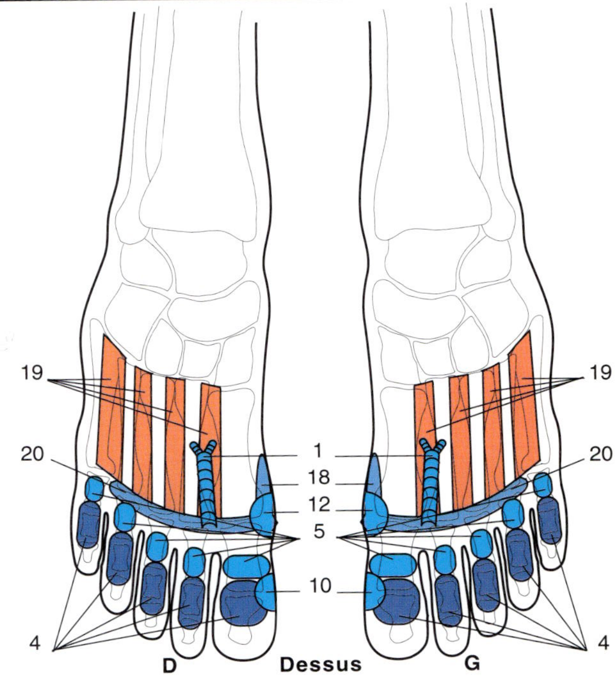

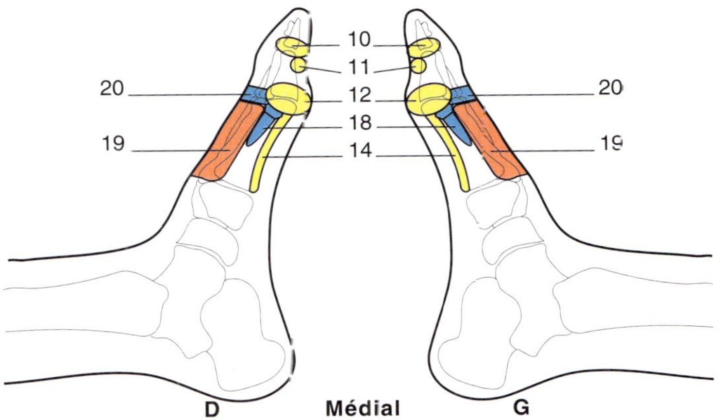

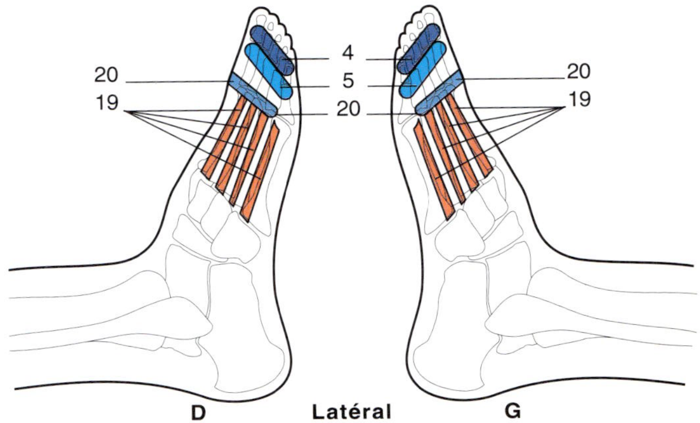

Deuxième patient souffrant d'asthme

Relation causale:
- faiblesse du système uro-génital

Zones symptômatiques:
1 Trachée
2 Poumons
3 Diaphragme
4 Sinus
5 Pharynx

Zones causales:
6 Reins
7 Uretère
8 Vessie
9 Utérus
10 Trompes
11 Ovaires

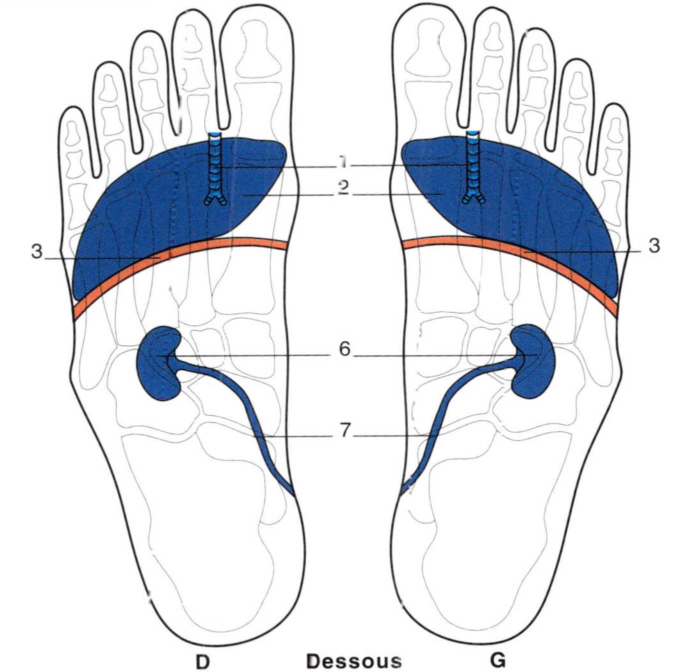

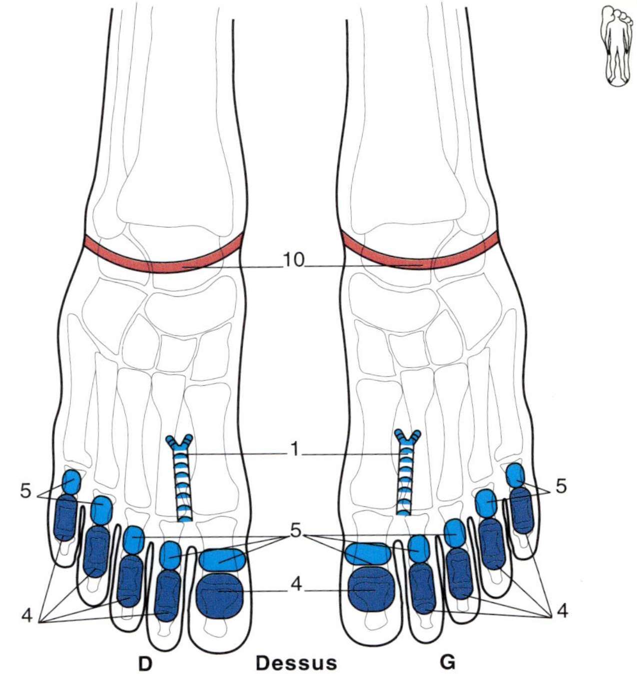

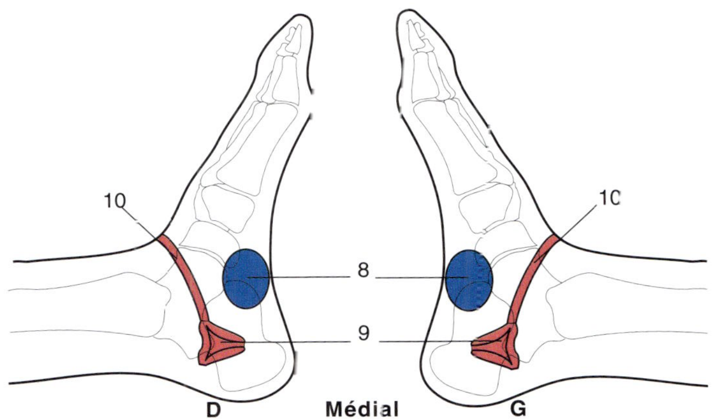

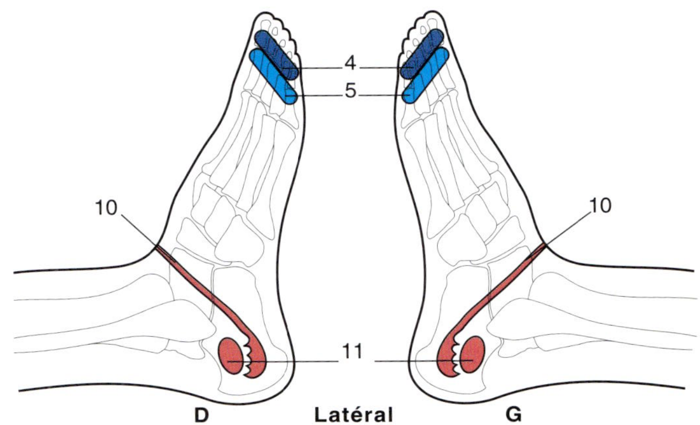

Troisième patient souffrant d'asthme

Relation causale:
- stagnation lymphatique

Zones symptômatiques:

1 Trachée
2 Poumons
3 Diaphragme
4 Sinus
5 Pharynx

Zones causales:

6 Ganglions du cou et de la nuque
7 Cisterna Chyli (Citerne de Pecquet)
8 Chylifères (ganglions abdominaux)
9 Rate
10 Ganglions de l'aine
11 Canal thoracique
12 Appendice

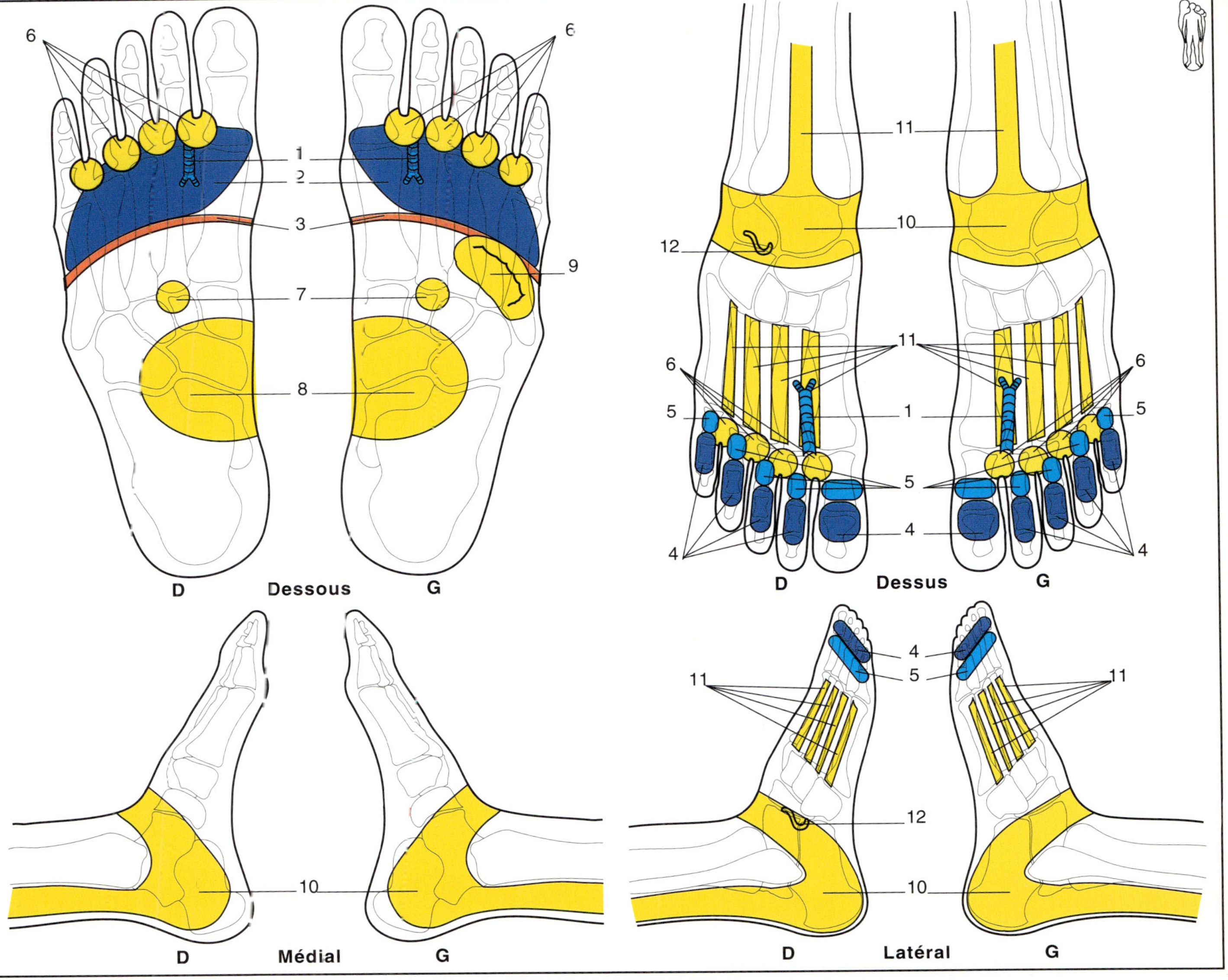

Chapitre 14

Exemples de zones causales pour l'insomnie

Premier patient souffrant d'insomnie

Relation causale:
- dysfonctionnement digestif
- surmenage du foie

Zones causales:
1 Pancréas
2 Cisterna chyli (Citerne de Pecquet)
3 a Côlon ascendant
b Côlon transverse
c Côlon descendant
d Côlon sigmoïd
4 Chylifères (lymphatiques abdominaux)
5 Foie
6 Vésicule biliaire
7 Caecum
8 Appendice
9 Canal thoracique
10 Lymphe du bassin
11 Rectum
12 Anus

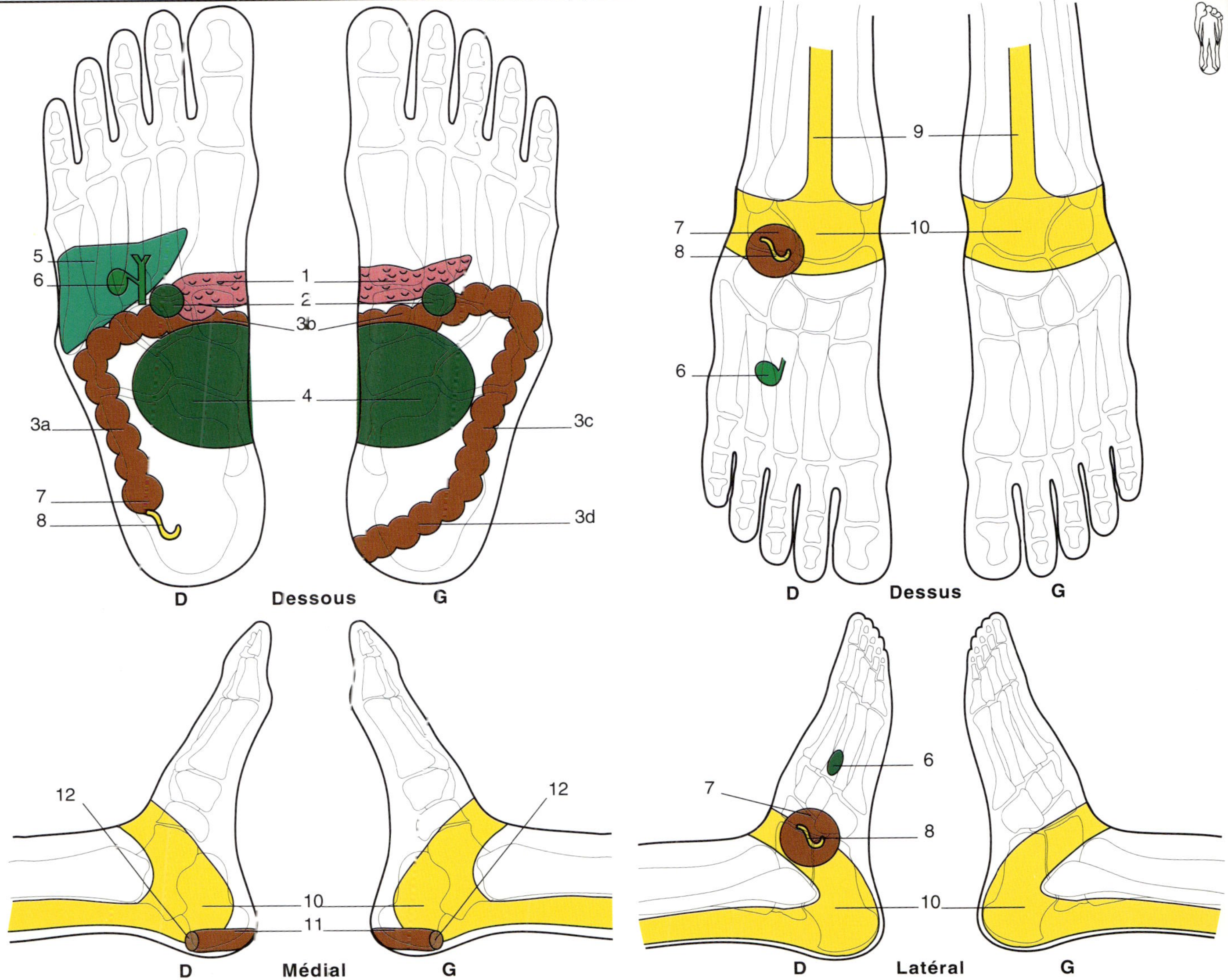

Deuxième patient souffrant d'insomnie

Relation causale:
-troubles endocriniens:
a. Hypophyse
b. Thyroïde
- tension nerveuse

Aspect général:
- pieds chatouilleux, de couleur grise, sans vie

Zones causales:
1 Cerveau
2 Diencéphale
3 Epiphyse
4 Hypophyse
5 Cervelet
6 Tronc cérébral
7 Plexus cervical
8 Glande thyroïde
9 Plexus brachial
10 Nerfs thoraciques
11 Plexus solaire
12 Plexus lombaire
13 Plexus sacré

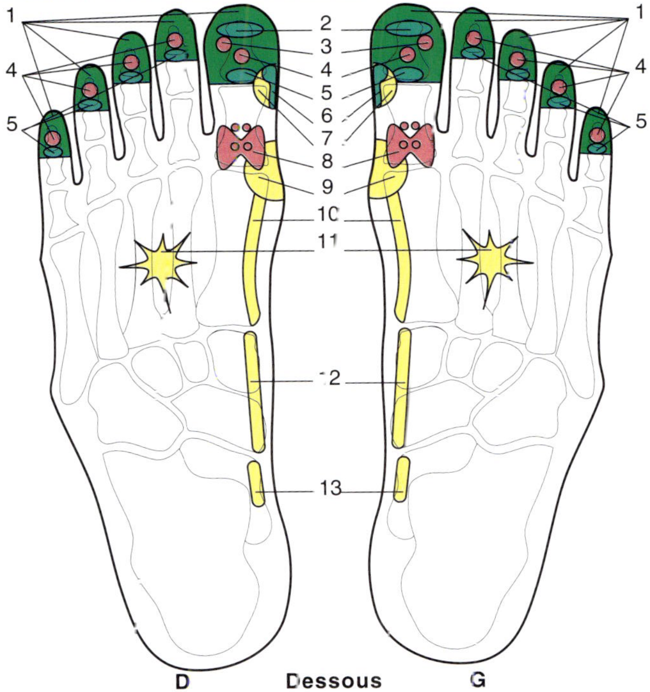

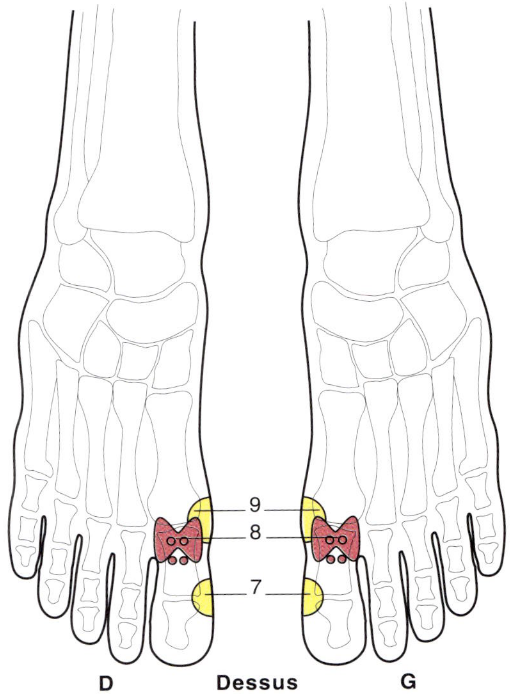

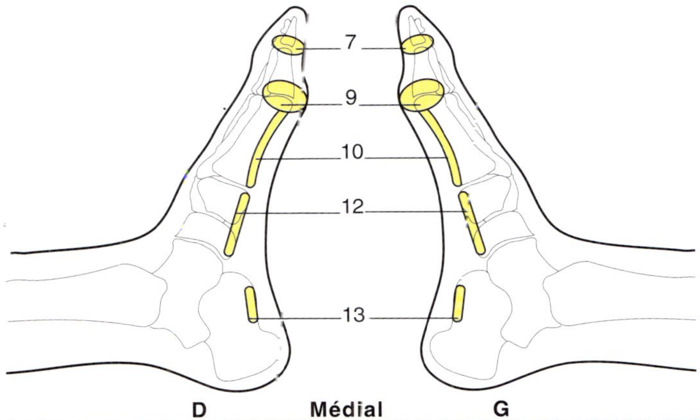

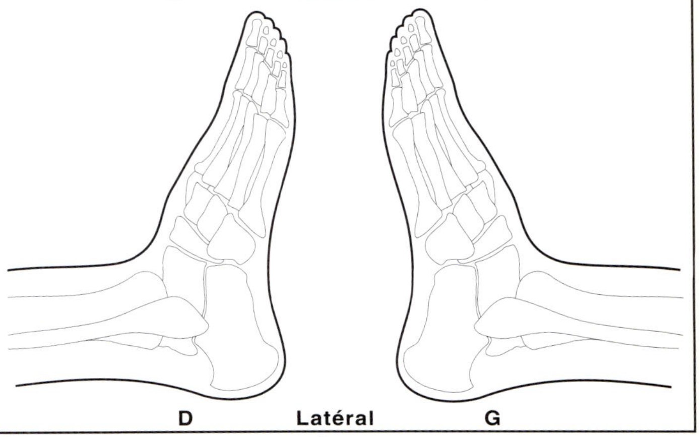

Troisième patient souffrant d'insomnie

Relation causale:
- tension cardiaque
- mauvaise circulation

Aspect général:
- Pieds froids, moites
- Peau livide

Zones causales:
1 Anse de l'aorte
2 Coeur
3 Veine cave
4 Grande circulation
5 Petite circulation

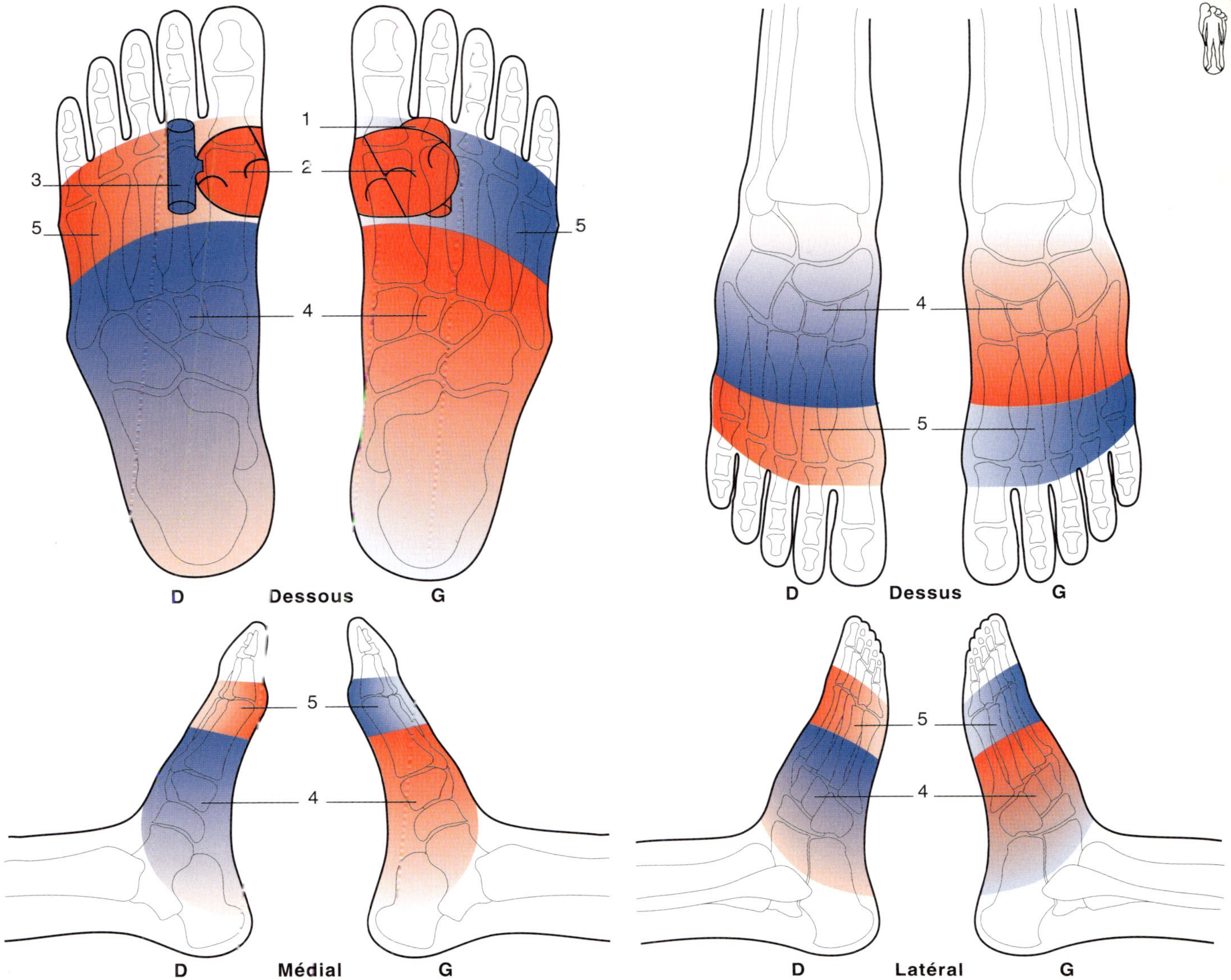

Chapitre 15

Les réactions aux traitements

1. Apport d'énergie

La réflexologie plantaire donne une stimulation à l'organisme. Elle augmente le niveau d'énergie globale du corps. Elle injecte une information aux organes. Suivant les cas, elle leur demande de travailler, de se mettre en route, ou de se relaxer et de se calmer. Un traitement influencera les organes de façon à ce qu'ils retrouvent leur équilibre : une hyperfonction sera calmée, une hypofonction sera activée. L'harmonie entre les aspects yin et yang sera rétablie.

Mais comme quand on range sa maison, on doit faire plus ou moins le tri, jeter les choses superflues, et réparer les choses abîmées. En général, cela demande une certaine initiative et un minimum d'énergie. Un traitement donne cette initiative et permet à l'organisme d'avoir suffisamment d'énergie pour entreprendre la guérison. Le corps cherchera à éliminer les poisons et les déchets.

2. *Multiples réactions possibles...*

Plus la maladie sera chronique, plus les réactions seront intenses. Soyez contents si le patient vous appelle le soir même après la séance pour se plaindre de son état : c'est que le corps a reçu beaucoup d'énergie qui a stimulé son système immunitaire.

Une dame de 35 ans, directrice d'un lycée, entre pliée en deux dans mon cabinet. Il s'agit d'une sciatique. Avec l'aide d'un tabouret et de couvertures, j'arrive à la placer sur la table de massage. Les zones du nerf sciatique, des reins, de la vessie, du sacrum et des lombes sont douloureuses. Je traite intensément ces zones pendant quarante minutes. Elle ressort droite du cabinet. Quelques heures après, elle appelle et se plaint d'une migraine, furieuse, car elle se sent dans l'impossibilité d'aller travailler le lendemain. Cela l'angoisse beaucoup car elle est très engagée dans son travail. Je lui assure que ce n'est qu'une réaction au traitement. Je lui demande de s'allonger dans le calme et le noir, ainsi elle pourra aller travailler le lendemain. Ce fut le cas.

Cette dame dû porter un corset à l'âge de 14 ans, cela durant 9 mois. Elle a toujours souffert de douleurs latentes dans le dos, ce qui à peu près tous les mois se transformait en crise aiguë qui la maintenait au lit. Un traitement de 16 séances élimina ses crises aiguës, et l'aspect jovial dans sa vie s'accrut. Elle s'organisa de façon de déléguer les tâches et de réduire sa pression intérieure aussi bien dans sa vie familiale que professionnelle.

Quand la maladie se manifeste depuis plus de 20 ans, il faut s'attendre à des réactions fortes. En général, elles passent aussi rapidement qu'elles sont venues. Mais pas toujours... Un monsieur de 39 ans, instituteur, souffrait depuis environ 10 ans d'un ulcère du colon, accompagné de diarrhées glaireuses avec des traces de sang. De temps à autre s'y ajoutaient des matières purulentes. La maladie l'avait rendu maigre et dépressif.

Les pieds étaient sans tonus et très sensibles. Les zones des intestins et des poumons étaient particulièrement perturbées. Il réagit très fort avec une poussée aiguë de plusieurs jours. Après la cinquième séance, alors que les intestins se calmaient, une bronchite avec une expectoration abondante et colorée se manifesta, sans les autres symptômes de fatigue et de fièvre. Grâce à un traitement homéopathique qu'il avait suivit auparavant, il comprit la raison des effets secondaires et poursuivit le traitement. Au bout de 12 séances, il mangeait relativement normalement. Il avait pris 5 kilos, son teint et son humeur avait repris de la vie. Est-ce un hasard ? Je reçus quelques mois plus tard un faire part de son mariage...

Les réactions aux traitements se manifestent souvent au niveau des organes correspondant aux zones causales. Un monsieur de 55 ans souffrait d'une arthrose de la hanche depuis 10 ans. Il a eu plusieurs séances de kinésithérapie et d'injections de vitamines B12 sans améliorations durable.

Les zones réflexes des hanches étaient douloureuses sur les deux pieds. Mais c'est surtout la sensibilité des zones réflexes du foie et de la vésicule biliaire qui provoqua son étonnement, car il ne ressentait aucun problème digestif. La première séance provoqua une colique de la vésicule biliaire se manifestant par des crampes dans l'abdomen droit, fièvre et nausée pendant plusieurs heures. Au bout de 14 séances, les zones s'étaient normalisées et il pouvait de nouveau faire sa promenade journalière sans douleurs, bien qu'il subsista une légère claudication.

Bien que beaucoup plus rares, certaines personnes n'ont aucune réaction apparente. Par exemple, une professeur de chant de 46 ans, a rendez-vous pour une opération de la hanche. La zone réflexe des hanches est peu sensible, par contre toutes les zones réflexes de la tête, les zones réflexes génitales et les zones réflexes du sacrum et des lombes sont très douloureuses. Elle n'a pendant les quatre premières séances aucune réaction ni amélioration de son état. Elle était prête à arrêter cette tentative qu'elle avait entrepris sans grands espoir lorsqu'elle put se lever le lendemain presque sans peine. Surprise, elle décida de continuer le traitement. Au fil des jours, elle se sentit plus légère, et son état s'améliora. L'opération a été annulée.

Les réactions aux traitements peuvent être de différentes natures. Elles ne se manifestent pas toujours par une réaction physique. C'était le cas d'une dame de 37 ans, qui avait 9/6 de tension. Elle souffrait de faiblesse et de vertiges, surtout le matin. Personne frêle et fragile, elle avait la voix faible et le teint pale. Les deux pieds étaient douloureux à la manipulation de façon générale, mais les zones réflexes de la colonne vertébrale et du plexus solaire étaient particulièrement perturbées. Elle ne communiquait pas les zones réflexes douloureuses, ce n'était qu'une contraction de son visage qui me transmettait l'information. Au fil des séances, le dialogue s'orienta vers cette passivité remarquée chez elle. A la cinquième séance, elle apparut défaite à cause d'une dispute familiale. Elle avait explosé, dit-elle, et elle « en avait assez ». Bien qu'elle était dans un état très nerveux, son pied était beaucoup moins douloureux. La zone du plexus solaire s'était nettement améliorée. A la fin du traitement, son teint était coloré, sa voix plus ancrée, et sa tension est montée à 11/7. Je ne sais ce qu'est devenu sa vie familiale...

Il peut arriver que les pieds deviennent moites au cours du traitement. Cette réaction peut indiquer que le métabolisme de l'organisme s'accroît et que les énergies se mobilisent. Il est alors conseillé d'atténuer l'intensité du traitement et de passer à une autre zone.

Une réaction similaire, transférée sur les mains du réflexologue peut se manifester. Elles deviennent alors froides ou moites. Seul le réflexologue peut en déterminer l'origine, mais il est possible que les réactions de la personne traitée se transmettent sur ses mains.

3. *La règle générale*

Les éventuelles réactions à un traitement doivent être signalées au patient. S'il existe une règle, celle-ci semble la plus souvent vérifiée : les réactions se manifestent aux organes ou aux systèmes liés aux zones causales. Les zones causales sont souvent des maladies que le patient a vécu antérieurement, et qu'il croyait « guéri ». Elles apparaissent de manière plus passagère.

Le traitement favorise l'élimination. Les patients le confirment en constatant un débit urinaire plus élevé et d'odeur plus prononcée avec des selles également plus abondantes.

Une jeune femme de 16 ans souffrait de sinusite chronique depuis quelques mois. Elle avait régulièrement des rhinites, des angines et des bronchites. Non seulement la zone réflexe des sinus mais aussi ceux de toute la tête étaient normaux. Par contre, la zone réflexe du diaphragme et celle des reins étaient extrêmement douloureuses. Elle réagit dès la première séance par une élimination d'urine prononcée avec de légères brûlures deux jours durant. Au bout de six séances, ses voies respiratoires étaient dégagées.

Il peut arriver qu'une infection dentaire chronique, parfois inconnue car non douloureuse, provoque des symptômes en d'autres parties du corps. Les sinusites ou les migraines sont des exemples, mais cela peut également se manifester dans une zone plus éloignée comme dans les intestins ou le système uro-génital.

C'était le cas d'une dame de 46 ans qui souffrait elle aussi de sinusite depuis huit mois. Cette sinusite tenace était réfractaire aux antibiotiques. Elle provoquait des maux de tête, des gonflements du visage. Elle avait perdu les sens du goût et de l'odorat. Les zones réflexes de la tête étaient spécialement perturbées. La zone réflexe des dents sur le troisième orteil était douloureuse dès l'effleurage. Le dentiste confirma une infection dentaire et sa sinusite disparut après le traitement dentaire.

4. Les voies de l'amélioration

Une dame vint me consulter pour des douleurs qui persistaient après une intervention chirurgicale à la suite d'une hernie inguinale, sur l'abdomen droit. Elle avait également souffert de sciatique, puis d'une épaule douloureuse et immobilisée. Un ostéopathe avait réussit à faire taire sa sciatique, mais l'épaule restait insensible au traitement. Les premières séances de réflexologie plantaire ont ravivé sa sciatique, pendant que son épaule s'est normalisée.

C'est un curieux jeu de cache-cache, pourrait-on penser, mais il m'a fait plaisir. On dit que la guérison emprunte des chemins bien précis : Elle va de haut en bas, de l'intérieur vers l'extérieur et disparaît dans l'ordre inverse qu'elle est venue.

Si les réactions aux traitements suivent cet ordre, on sait que l'on est sur le bon chemin. Un asthme qui disparaît pour laisser place à une névrodermite n'inquiète pas le réflexologue. La personne qui souffre de sinusite et sent que l'infection s'installe également dans les bronches sait qu'elle n'est pas prête à se sentir mieux mais s'apprête plutôt à passer quelques jours au lit. En revanche, une bronchite qui se déplace vers les portes de sorties, et passe dans les sinus n'est pas la grande forme, mais signale le début de la guérison. L'asthmatique sait combien une expectoration riche en substance le soulage : ce qui est bloqué à l'intérieur chemine vers l'extérieur.

Un monsieur de 55 ans a 20/9 de tension. De plus, il souffre de vertiges, de bourdonnements d'oreille et d'insomnie. Les zones réflexes de la tête sont perturbées et celles du foie et de la vésicule biliaire ne supportent presqu'aucune pression. Après la première séance, il développe une migraine pendant trois jours. Il vient à la deuxième séance très mécontent et tendu, car il avait souffert les années auparavant de violentes migraines. Mais depuis dix ans elles étaient guéries ! Il n'était pas très convaincu par nos explications des réactions au traitement et voulait interrompre le traitement. Mais son épouse a apparemment réussi à le persuader de continuer. La migraine fit place à une diarrhée qui dura dix jours. Après la quinzième séance, les zones plantaires s'étaient normalisées et sa tension diminua à 15/9 et il nous disait qu'il s'était rarement senti aussi bien dans sa vie.

Une dame de 42 ans, souffrait de constipation depuis des années. Les zones lymphatiques du cou, de la poitrine et du bassin étaient douloureuses ainsi que celles du diaphragme. Les premières séances ont mis en évidence une réaction au niveau des articulations avec gonflements et douleurs. L'explication que la mobilisation de la lymphe et des déchets accumulés pouvaient se manifester ainsi ne la convint qu'à moitié, mais elle décida de poursuivre la série des huits séances. A la quatrième séance, l'inertie du colon se transforma en flatulence nauséabonde, puis en diarrhée avec des crampes. La patiente vint à la septième séance contente, se sentant plus légère. Elle rapporta elle-même qu'elle se sentait moins gonflée non seulement de l'abdomen, mais aussi du visage. Quelques séances supplémentaires ont stabilisé la situation.

Une dame de 49 ans était incapable de tenir son hôtel à cause de douleurs, gonflements et raideurs dans les articulations des mains, des genoux et des lombes. Elle avait fait plusieurs cures de bains et d'enveloppements sans améliorations. Les zones lymphatiques du bassin et des reins étaient douloureuses. Après la deuxième séance, les lombes ne lui posaient plus de problèmes, elle se levait sans peine le matin. Cependant l'état de ses pieds n'avait jamais été aussi mal : elle ne peut presque plus se chausser ! Je l'ai tranquillisée, mais ai continué le traitement que je savais être en bonne voie. Aux séances suivantes, une réaction du système rénal engendra un grand débit urinaire d'odeur prononcée pendant plusieurs jours. Ses articulations se sont nettement améliorées en quinze séances.

Il est assez facile de comprendre les deux premières voies de l'amélioration, mais peut-être plus difficile d'accepter la troisième : la maladie prend le chemin inverse où elle est apparue. Peut-être demande-t-elle plus de patience. Mais c'est la « vraie » guérison : le retour à la Source.

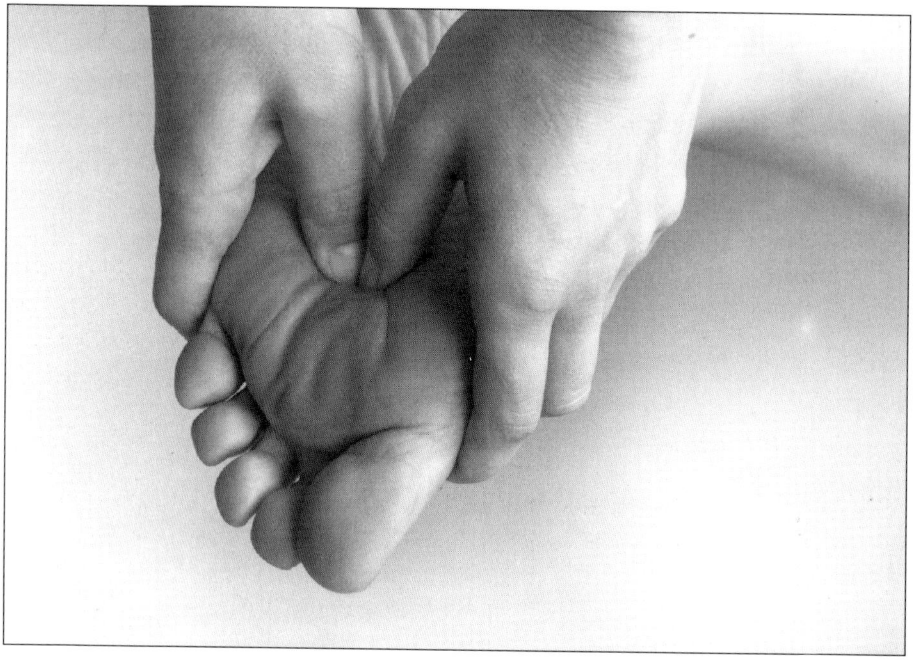

Photo : Gilles DELSAUT

Chapitre 16

L'aspect yin et yang

Originaire de chine, la réflexologie plantaire se compte parmi les méthodes énergétiques. Elle a été peu développée en Occident par rapport à l'acupuncture ou le shiatsu qui se sont bien plus répandus.

1. Un outil de plus

L'observation des réactions de la personne traitée, la perception des tissus plantaires par le réflexologue et les connaissances des manifestations des énergies yin et yang dans les organes et leurs systèmes est une aide considérable pour comprendre et soulager les malaises.

Une connaissance précise des zones réflexes plantaires et une bonne perception des tissus sont suffisantes pour avoir des résultats remarquables en réflexologie plantaire. Toutefois, la connaissance des aspects yin et yang dans les organes et leurs systèmes est un outil de plus qui peut servir soit à vérifier la perception des tissus plantaires en analysant les symptômes que décrit le patient, soit à orienter le traitement dès le départ d'après les données du patient. Ces connaissances enrichissent et approfondissent le travail du réflexologue, mais ne sont nullement nécessaires pour avoir des résultats.

2. *Les manifestations yin et yang*

La médecine chinoise considère que deux différentes qualités d'énergies tiennent notre organisme en équilibre. Ces deux énergies, appelées yin et yang sont à la fois opposées et complémentaires. L'on n'a de valeur que par rapport à l'autre. Dans chaque opposé germe l'autre d'où s'engendre la transformation et la mutation.

Le yin représente la substance et la matière. Le yang représente le mouvement et la fonction. On peut dire que l'anatomie du corps est l'aspect yin. Elle est l'étude de la structure et de la forme du corps. La physiologie est l'aspect yang du corps. C'est l'étude du fonctionnement et du métabolisme de l'organisme.

Il ne peut exister de yin sans yang et inversement, le yang ne peut exister sans yin. Le métabolisme (yang) ne pourrait exister s'il n'avait pas la matière (yin) comme support. Inversement, la substance (yin) du corps est le produit du métabolisme (yang). Cette loi d'équilibre entre les polarités yin et yang existe à tous les niveaux, de la plus petite cellule à tout l'univers.

« Du yang naît le yin et du yin naît le yang ». De façon à ce que cette citation de la médecine chinoise ne reste pas une théorie, étudions, comme exemple la formation du sang dans l'organisme. Qui dit sang associe l'action, le mouvement, le rouge, la vie. Ces qualités sont d'aspect yang. De par sa nature, le sang est principalement yang.

Le sang se forme dans le squelette, dans la moelle rouge des os. Qu'associe-t-on avec le squelette ? En général, on associe structure, dureté, rigidité, éventuellement mort avec ce mot. Nous trouvons dans le squelette des qualités principalement yin. On observe donc que le sang émerge de la substance la plus yin du corps : le squelette. Du yin naît le yang.

Le squelette ne peut se permettre les moindres mouvements, sans créer des pathologies. Par contre, le sang ne peut se permettre la moindre stagnation, sans risquer des embolies qui peuvent être mortelles. Ces deux substances, os et sang, prises ici en exemple, sont opposées mais étroitement liées.

Ainsi, ces deux énergies sont interdépendantes. Le yin et le yang se créent mutuellement. Les écrits nous disent : « yin reste à l'intérieur pour agir comme un gardien de yang, et yang reste à l'extérieur pour agir comme un servant de yin ».

3. Les prédispositions

De part notre hérédité et notre mode de vie, nous avons tous des tendances, soit à être plus yin, soit plus yang. Par exemple, une personne de type yin dans l'élément Feu (voir les cinq éléments) sera introvertie et timide. De prendre des décisions lui demande un effort. Elle parlera d'une voix plutôt lente et basse.

Un sujet de type yang dans l'élément Feu sera optimiste et refusera de voir le côté noir des choses. Plutôt insouciant, il prendra des décisions rapidement et voudra des résultats tout de suite, ce qui peut le rendre impatient.

Nous avons tous des prédispositions, qui ne sont pas forcément des déséquilibres. Par contre, si le mode de vie accentue ces prédispositions, celles-ci peuvent devenir un déséquilibre, que l'organisme essaiera de restaurer en créant une maladie.

Par exemple, si une personne à tendance yang dans l'élément Feu ne peut dormir à cause d'une période d'examens ou de surcroît de travail, elle « consumera » encore plus l'aspect yin de cet élément. L'aspect yang en « profitera » pour s'enflammer, et la personne peut développer une stomatite, des palpitations ou une fièvre. Elle sera forcée au repos, ce qui rétablira l'aspect yin.

Une personne à tendance yin qui perd son travail ou déménage dans une région très froide et n'a plus d'amis avec qui communiquer risque de renforcer sa disposition yin. Si le déséquilibre devient trop important, elle peut devenir dépressive et constamment fatiguée ou développer des problèmes de diction. Un sujet de type yang, dans une telle circonstance, s'épanouira au contraire, mais ce sont les amis qui lui diront « Que tu as bonne mine ! » plus qu'il ne le remarquera lui-même.

Au départ de chaque maladie il y a donc toujours une prédisposition. Le mode de vie, les circonstances extérieures ou les attitudes intérieures de la personne soit corrigent ces prédispositions, soit les renforcent jusqu'à engendrer un déséquilibre, et une maladie. Ainsi, la maladie doit être considérée comme une aide qui nous est donnée pour parvenir à l'équilibre.

L'équilibre est lié à la personne dans sa totalité, d'où la citation si répandue : « Les maladies n'existent pas, il n'existe que des personnes malades ». Nous avons tous des points faibles et l'art est de les connaître et ne pas les renforcer.

4. Les déséquilibres

Le genre de douleur que le patient manifeste lorsque le réflexologue manipule une zone réflexe et l'état des tissus plantaires qu'il perçoit sous ses mains donnent un indice sur le déséquilibre. Est-ce une douleur sourde et des tissus durs ? Est-ce une douleur aiguë et des tissus tendus ? Suivant les cas, on aura soit une zone réflexe qui présente un yin dominant, soit un yang trop prononcé. Reste à savoir si l'organe ou le système concerné est en excès ou en manque.

Un déséquilibre où le yin domine, appelé une situation yin, peut avoir plusieurs conséquences : soit la qualité yin est en excès par rapport au yang (figure 1), soit la qualité yang est en manque (figure 2), soit une combinaison des deux : le yin est en excès et le yang est en manque (figure 3).

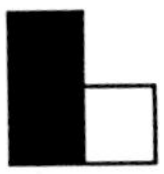
Figure 1

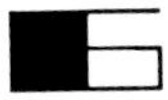
Figure 2

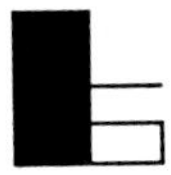
Figure 3

Prenons en exemple une fonction très importante de notre organisme : la transpiration, qui dévoile clairement ces subtilités. Transpirer est l'aspect yang, représentant la fonction, la sueur est l'aspect yin, représentant la substance.

Mettons que le sujet exprime une situation yin à ce niveau. Prenons comme possibilités soit un yin en excès, le yang étant normal, soit un yang en manque, le yin étant normal. Dans les deux cas, la sueur n'est pas épaisse, puisqu'il y a beaucoup de yin, mais au contraire abondante et peu odorante. Mais dans le premier cas, avec un yang normal (figure 1), la personne transpire à tout moment. La sueur perle sur le visage et le tee-shirt sera trempé en montant seulement un étage. Dans le deuxième cas, avec un yang en manque (figure 2), le sujet transpire difficilement (après cinq km de jogging), mais s'il commence à transpirer, ce sera abondamment.

De même, un déséquilibre où le yang est dominant, appelé une situation yang, peut montrer plusieurs déséquilibres : soit le yang est en excès avec un yin normal (figure 4), soit le yin est en manque avec un yang normal (figure 5), soit la combinaison des deux (figure 6), et, bien sûr, multiples variantes de ces trois exemples.

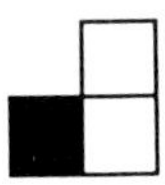
Figure 4

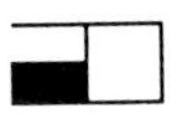
Figure 5

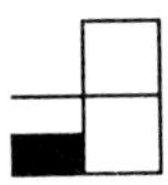
Figure 6

Comme dans la situation yin, nous avons donc deux possibilités avec la situation yang : soit un yang en excès avec un yin normal (figure 4), soit un yang normal avec un yin en manque (figure 5). Continuons notre exemple de la transpiration. Dans les deux cas, la personne transpire facilement, même sans exercice physique. Mais la sueur n'est pas aussi abondante dans le premier cas (figure 4). Elle est épaisse, concentrée et odorante dans le deuxième cas, même après une journée uniquement assise au bureau (figure 5).

Il existe bien sur des variantes à ces descriptions qui ne servent que d'exemples. Par exemple une personne qui transpire difficilement, même après un jogging intensif, fait penser à un yin et un yang défaillant. Il faut avoir quelque chose à transpirer — yin — et l'activité physique n'augmente pas assez le yang jusqu'à mettre la fonction en marche, d'où un yin et yang défaillant. Mais c'est à considérer de près, en tenant compte d'autres indices, car le cas peut également montrer un yang normal avec un yin très en manque : Il n'y a même pas assez de substance pour émettre une sueur même épaisse et concentrée.

Les subtilités de manque et d'excès ont de multiples gradations mais il est nécessaire d'en comprendre les grandes lignes. Ainsi, une situation yin — yin en excès, yang en manque, ou combinaison des deux — révèle des douleurs sourdes, constantes et profondes. Elles s'améliorent avec la distraction, le chaud, la pression, le mouvement. Elles empirent avec le repos, le froid et dans la nuit.

Une situation yang — yang en excès, yin en manque, ou combinaison des deux — débouche sur des douleurs aiguës, brûlantes, radiantes. Elles empirent avec l'activité, la chaleur et pendant la journée. La pression, par exemple celle d'une bouilloire, est désagréable. Le repos améliore.

Les deux qualités yin et yang réunies est ce qui est appelé le Qi, c'est-à-dire la force vitale qui réside dans toute chose.

Chapitre 17

Le yin et yang dans les tissus plantaires

Avec un peu de pratique, le réflexologue développe une sensibilité dans les mains qui lui donne beaucoup d'informations sur l'état de l'organisme. La main, mais surtout le pouce, car c'est lui qui va s'intégrer aux tissus plantaires à la recherche de points douloureux, acquiert une réceptivité riche en sensations. Pour cela, le réflexologue ne doit plus penser à l'emplacement des zones plantaires, pas même à l'aspect yin et yang ! C'est peut-être une des merveilles de l'automatisme : il déconnecte l'activité mentale au profit d'un ordre plus subtil des choses. A moins que le réflexologue n'en « profite » pour penser à son repas du soir, à ses dernières vacances... Là est le danger de la routine.

1. Consistance des tissus

De façon générale, un tissu de consistance électrique et tendu démontre une situation de qualité yang dominante. Un tissu dur, granuleux, de consistance épaisse ou « vaseuse » indique une situation yin dans l'organe ou le système correspondant à la zone réflexe plantaire.

Ces sensations sont relatives à l'organe que l'on traite. Il est évident qu'une zone réflexe du foie, qui est l'organe le plus yin du corps, n'aura jamais la consistance, même dans un état yang, de la zone réflexe de l'estomac, qui est l'organe le plus yang de l'organisme. Un excès de yang dans la zone réflexe de l'estomac montrera des tissus très tendus, alors que la même situation dans le foie donnera des tissus tendus, mais sans jamais atteindre cette « tension électrique ».

Selon que l'on manipule une zone réflexe d'un organe de principe yin ou yang, il est nécessaire de relativiser les sensations ressenties dans les tissus plantaires.

2. *Réaction du patient*

La réaction du patient à la zone douloureuse est également un indice. Un sursaut peut être un signe d'un excès yang dans l'organe concerné. Par contre, une crispation du pied, de la jambe ou du visage sans sursautement, c'est-à-dire une crispation non exprimée mais retenue, indique plutôt un excès de yin.

Des réflexes involontaires, sous forme de sursauts, où la personne traitée ne ressent pas de douleur, indiquent en général un traumatisme profond. Celui-ci a été refoulé à un niveau inconscient, à un point tel que l'individu ne ressent pas de douleur, mais l'organisme l'a gardé en mémoire. Les personnes sont généralement gênées et s'excusent de leurs réflexes. Au fil des séances, où l'on observe une diminutions des réflexes involontaires, ces zones plantaires se révèlent douloureuses et peuvent alors être traitées.

Les personnes très passives, qui n'expriment pas leur sensibilité à la pression sur les zones plantaires, ce qui par exemple leur déforme légèrement le visage, montrent une situation très yin. Elles souffrent souvent de dépression et de fatigue extrême. Si, malgré l'invitation du réflexologue à exprimer les points douloureux, elles ne réagissent pas, le déséquilibre est tel que ces personnes ont généralement besoin d'une thérapie supplémentaire en plus de la réflexologie plantaire.

3. Evolution de la douleur

Toute douleur qui augmente à la pression présente un excès, soit de yin, soit de yang. Une douleur qui diminue rapidement à la pression indique un manque, soit en yin, soit en yang. Pour déterminer la qualité qui manque, yin ou yang, on prête attention à la consistance des tissus et les réactions de la personne traitée.

Souvent, nous avons affaire à des pathologies « de manque », c'est-à-dire chroniques. Une situation d'excès évolue en général de manière aiguë. Mais, la plupart du temps, la douleur diminue.

Les combinaisons sont donc multiples : tout comme les déséquilibres, les symptômes et les pathologies sont variés.

Prenons l'exemple d'une douleur à la zone réflexe du foie qui disparaît rapidement à la pression et révèle un tissu granuleux et « vaseux » : Elle indique un manque de la qualité yang dans le foie. La personne est sujette à des faiblesses dans toutes les parties attribuées à l'élément Bois, telles que le stockage du sang, le flux de l'énergie dans l'organisme, la vue, etc. Elle peut souffrir de nervosité, de dépression, de manque de tonus musculaire, de myopie. Les femmes peuvent exprimer des syndromes prémensuels. La manipulation thérapeutique sera alors dynamique et rythmique, dite « yanguisante ».

Par contre une douleur de la zone réflexe du foie qui disparaît rapidement à la pression et des tissus qui donnent une sensation « électrique » et tendue, indique un manque de yin au niveau du foie. La personne peut souffrir alors de paresthésies dans les extrémités, sa tension est basse, elle peut avoir des tics ou des tremblements. La manipulation thérapeutique sera « yinisante », c'est-à-dire plus lente, en appliquant des pression constantes.

4. Effets de la manipulation sur des organes d'aspect yin ou yang

Les organes comme nous le verrons plus loin, sont soit de type yin, soit de type yang. Une manipulation d'un organe de type yin augmente forcément la qualité yin du système, quelle que soit la manipulation. Mais une manipulation yanguisante sur cette même zone réflexe agit à la fois sur l'aspect yin et yang, alors qu'une manipulation yinisante agira sur le yin uniquement. Ce sera l'inverse pour un organe de type yang.

Prenons l'exemple de la grippe, qui présente deux cas différents. La grippe qui s'exprime par des douleurs et des irritations de la gorge, des yeux qui deviennent rouges et brûlants et par des expectorations épaisses et colorées est considérée comme une grippe de type yang. Le sujet aura chaud et soif, son urine sera concentrée et ses selles seront plus foncées et solides que d'habitude.

La qualité yang étant dominante par rapport au yin, le traitement consistera à renforcer le yin. On agira sur la zone réflexe du poumon, qui est l'organe yin, avec des manipulations de pression constantes et des mouvements lents, appelée manipulation yinisante.

La grippe qui s'exprime par un nez bouché, une gorge gonflée, des expectorations blanches ou liquides est considérée comme une grippe de type yin. La personne n'aura pas soif, mais sera frileuse et pâle. Elle passera plus d'urine que d'habitude et celle-ci sera claire. Ses selles seront également plutôt claires et plus liquides.

La qualité yang doit être renforcée de façon à favoriser l'élimination. Le colon étant le partenaire yang du poumon, en stimulant celui-ci, le yang se renforcera. Un développement yang du colon se transférera automatiquement à son partenaire yin, le poumon.

Le traitement consiste à manipuler le partenaire yang du poumon, c'est-à-dire la zone réflexe du colon par des mouvements très dynamiques et rythmiques, appelée « manipulation yanguisante ». La zone réflexe du poumon sera bien sûr, elle aussi, manipulée par des manipulations yanguisantes ainsi que les zones réflexes lymphatiques, afin de stimuler le système immunitaire.

Chapitre 18

Les cinq éléments

Les cinq éléments sont appelés Feu, Terre, Métal, Eau et Bois. Ils sont comparables à cinq mouvements qui soulignent la non-staticité de l'univers et de l'organisme. Tout comme l'aspect yin et yang se manifeste dans tous les phénomènes, les cinq éléments décrivent les cycles que ces phénomènes assurent. Ces cycles sont de différentes natures. Selon les Ecrits :

« Le caractère du Bois est de grandir et d'éclore, le caractère du Feu est d'être brûlant et de s'enflammer, le caractère de la Terre est de donner naissance à toute chose, le caractère du Métal est de descendre et d'être clair, le caractère de l'Eau est d'être froid et de couler vers le bas. »

A l'élément Bois, par exemple, correspond l'énergie de naissance et on lui attibue la saison de printemps. C'est alors que des problèmes de croissance, de scoliose, de manque d'épanouissement (dépression) indiquent un déséquilibre dans cet élément.

A chaque élément sont associés deux organes et différentes fonctions. Un déséquilibre entre les aspects yin et yang dans chacun des éléments peut agir soit directement sur les organes, soit sur une des fonctions attribuées à l'élément en question. Ce n'est pas forcément l'organe qui sera atteint, mais peut-être l'une des fonctions de l'élément en question, ou uniquement son méridien.

En exerçant une action sur la zone réflexe de l'organe associé à la fonction ou au méridien touché, le réflexologue pourra rétablir l'harmonie entre les énergies yin et yang, appelée Qi. En rétablissant l'équilibre dans l'élément attribué à la zone réflexe, on activera, par exemple, l'aspect fluide du méridien douloureux.

Une dame de 61 ans, avec le diagnostique d'arthrose à la hanche, ressentait des douleurs à l'aine droite. La zone réflexe de l'estomac était très douloureuse, et lorsque je l'interrogeais, elle répondait qu'elle n'avait rien à l'estomac et n'en avait jamais souffert auparavant. D'autres zones réflexes se montraient également douloureuses, mais de façon moins forte. Le plus surprenant à son arrivée était le souci qu'elle manifestait pour une amie qui devait la rejoindre : arriverait-elle à la trouver etc. Puis, à une autre séance, elle mentionna les soucis, apparus deux ans plus tôt, vécus par rapport à sa retraite, en même temps que des douleurs à l'aine...

Ses douleurs n'étaient pas du tout typiques d'une arthrose, et les radios n'étaient pas convaincantes non plus, les lésions dégénératives étant plutôt légères... Ma conclusion fut donc la suivante : des soucis qui préoccupent l'esprit constamment augmente l'aspect yin de l'élément Terre. A une disposition yin s'est ajouté « un coup dur » (diminution de sa retraite), favorisant le déséquilibre vers une situation yin. Ce yin s'est accumulé dans le méridien correspondant à l'élément, le méridien de la rate. Passant par l'aine, il a créé des douleurs de types yin : s'aggravant au repos, au froid, et s'améliorant avec des activités sociales (yang), comme une après-midi passée au bal.

Les déséquilibres entre les principes yin et yang dans un élément sont nommés d'après le principe dominant : situation yin ou yang. Une situation de type yin dans un élément peut présenter différents déséquilibres : yin en excès avec un yang normal, yin normal avec un yang en manque, un yin en excès avec un yang en manque et de multiples variantes entre ces trois exemples. Ils ont en commun un principe yin qui domine le principe yang et engendre plus ou moins une hypofonction, une accumulation, une stase, de la fatigue... Il en va de même avec une situation yang, qui crée plutôt une hyperfonction, une inflammation, de l'agitation...

Une situation yin dans un élément présente généralement des « symptômes yin » dans les deux organes et les fonctions liées à cet élément. Les situations yin et yang de chaque élément sont présentées dans les chapitres qui suivent, et servent d'introduction.

Ces descriptions restent globales, car elles se réfèrent à l'élément vu dans son ensemble, et non par rapport à chaque organe ou fonction. Il peut exister, à titre d'information, simultanément une situation aussi bien yin que yang dans le même élément.

Prenons l'exemple de l'élément Métal, auquel sont associés les poumons, le gros colon, ainsi que la fonction du métabolisme de la peau. Ils ont tous en commun la fonction d'élimination. A une situation yin dans le gros colon peut coexister une situation yang dans la fonction de la peau.

Une personne vint me consulter pour une névro-dermite. Ses symptômes m'orientaient vers une situation yang : peau plus rouge et irritée qu'élevée et croûteuse, changements rapides des éruptions et une peau générale fine, presque transparente. Par contre, elle souffrait de constipation durant plusieurs jours, ce qui montre une situation yin dans le gros colon. Son enfance a été vécue avec des bronchites à répétition, qui suggère une situation yang dans le poumon. Nous trouvons donc dans ce même élément, ici Métal, différentes situations yin et yang.

Les chapitres suivants sur les éléments et leurs déséquilibres permettent au réflexologue qui débute une meilleure compréhension du fondement de la réflexologie plantaire : l'équilibre énergétique. Celle-ci a été simplifiée et mise sous forme concrète afin de servir d'orientation au réflexologue.

La médecine chinoise ne donne pas de noms aux maladies, mais par contre décrit les déséquilibres. Elle s'exprime par des termes tels que : « invasion de vent », « stagnation de fluide », « déficience de yin » etc. Ainsi, l'asthme, le lumbago, la grippe ne disent absolument rien dans cette méthode. L'asthme peut se manifester différemment suivant les déséquilibres : l'un n'en souffrira que l'été, l'autre uniquement au printemps, un autre l'éprouvera surtout la nuit au repos, un autre au contraire en faisant du vélo... Tous ces cas sont différents et chacun d'eux aura besoin d'un traitement spécifique.

La médecine chinoise est si simple qu'un enfant de sept ans peut la comprendre. Les adultes doivent apprendre à se détacher de leurs concepts rationnels. La médecine chinoise est logique, mais elle ne fonctionne pas en « petites boîtes ». Tout est interdépendant. Tout est omniprésent.

Je mentionne malgré tout certaines maladies de façon à faciliter la pratique de la réflexologie plantaire et la compréhension des déséquilibres. Les indications ne servent que d'orientation. Le traitement doit être adapté au cas de l'individu, en tenant compte des zones causales.

Les cinq éléments sont en relation l'un par rapport à l'autre. Ainsi, un déséquilibre dans l'élément Feu peut être du à l'élément Terre qui lui « vole » de l'énergie, ou à l'élément Bois qui se décharge sur son suivant, ou à l'élément Eau qui domine le Feu et l'éteint etc. Ces relations entre les éléments dans l'organisme se reflètent également dans les zones plantaires, et présentent ce que l'on appelle les zones causales.

Donc n'oubliez pas : les indications dans les pages suivantes sont des orientations, et les zones causales doivent être absolument prises en compte.

1. L'élément Feu

A l'élément Feu sont associés le cœur et l'intestin grêle, le cœur représentant l'aspect yin et l'intestin grêle l'aspect yang. A cet élément correspond l'énergie de croissance, sa saison l'été, sa couleur rouge.

Le cœur est considéré comme le roi, qui s'exprime par sa compréhension et sa compassion. Il est sans cesse sollicité par ses « collaborateurs », et doit gérer l'harmonie et la paix dans son royaume. N'avez-vous jamais été émerveillé et quelque peu étonné de la fonction du cœur en vous demandant : « Mais comment fait-il ? » Quelle responsabilité ! Sans répit, il assure la nutrition des cellules, collecte les demandes, envoie des messagers, distribue l'oxygène... La moindre inattention entraîne de grosses difficultés !

L'intestin grêle assure la trésorerie. Les plus belles fortunes lui sont confiées. C'est à lui de trier le pur de l'impur en conservant ce qui bénéficie au royaume. Il doit ensuite distribuer son du à chacun : les uns reçoivent le glucose et les protéines, les autres les lipides, d'autres les substances liquides etc.

Les fonctions associées à cet élément sont la circulation du sang dans les artères et les veines, la chaleur et la transpiration, l'activité intellectuelle, le sommeil, la voix et la langue.

Une bonne circulation du sang dépend, selon la médecine chinoise, non seulement de l'élément Feu, mais également de l'élément Terre et Bois. Le cœur domine le sang et ses canaux, dans le sens où c'est la force du cœur qui propulse le sang dans l'organisme. L'élément Terre contrôle le sang, dans le sens où il empêche l'extravasation en gérant la circulation dans les capillaires et les tissus conjonctifs. L'élément Bois assure le stockage du sang et régularise ainsi son volume.

A. Les déséquilibres dans l'élément Feu

Une zone réflexe du cœur douloureuse exprime un déséquilibre entre les qualités yin et yang. Ce déséquilibre agira entre autres sur le sommeil, la transpiration, le son de la voix et l'humeur de la personne.

Si les tissus de la zone réflexe nous révèlent une qualité yin trop prononcée par rapport au yang, nous observons des symptômes de fatigue et de manque d'initiative. Dormir augmente leur fatigue. Le sujet se réveille après quatorze heures de sommeil et se sent encore plus fatigué qu'en se couchant. Il a un pouls lent, parle de manière hésitante, cherche ses mots et parle d'une voix basse. Il transpire difficilement, a la bouche sèche et a souvent froid.

Si les tissus de la zone réflexe nous révèlent une qualité yang trop prononcée par rapport au yin, nous trouvons des symptômes d'insomnies et d'anxiété. Ces personnes sont facilement excitées, tiennent difficilement en place, s'agitent. Elles ont un pouls rapide (plus de 72 battements par minute), leur transpiration est épaisse et concentrée. Elles souffrent d'insomnies chroniques avec des nuits très agitées par des rêves. Il se peut qu'elles aient besoin de dormir douze heures par jour pour se sentir bien, contrairement aux sujets avec un yin élevé qui se sentiront moins bien après une longue nuit. Leur voix est rauque, comme celle d'un fumeur ou elles peuvent bégayer dans les situations de manque de yin. Un yang en excès donne au contraire une voix aiguë.

Une zone réflexe indiquant un yin et un yang défaillants est généralement indice d'anémie. Le sujet a un pouls irrégulier. Il a une certaine difficulté à respirer, par suite d'une respiration courte qui s'exprime par de l'essoufflement au moindre effort. Sa voix peut trembler ou être très faible. En cas extrême, on observe une paralysie de la voix. Le sujet est insomniaque. Il est mentalement agité et saute d'un sujet à l'autre. Il montre des sueurs abondantes et froides sur les pieds, les mains, parfois aussi au visage. La personne rit facilement et pour peu de chose, mais est en fait à l'intérieur pessimiste et dépressive.

Si la zone réflexe des intestins présente une qualité yin trop élevée par rapport au yang, nous trouverons des symptômes de mauvaise assimilation avec des restes de nourriture dans les selles. Celles-ci seront plutôt claires. Le sujet peut avoir des douleurs sourdes et supportables, mais constantes au niveau du nombril. Ces malaises s'améliorent avec la distraction. Ils s'empirent avec l'inactivité. La personne souffre de ballonnements qui ne s'évacuent pas. Son état s'aggrave lorsqu'elle mange des aliments gras et crémeux.

Si la zone réflexe des intestins révèle une qualité yang dominante, le patient pourra souffrir de diahrrées ou de vomissements. Son cas s'aggrave avec l'activité, le repos est favorable. Contrairement au sujet de type yin, cette personne ne supportera ni bouilloire ou pression sur le ventre. L'alcool et le café aggraveront son état.

B. Orientation de traitement

Insomnie

L'insomnie est généralement une situation de yang dominante dans le système Feu. Il faudra intervenir sur la zone réflexe du cœur par des mouvements yinisants, lents et de pression constante.

Il est aussi possible que l'insomnie soit un Qi défaillant, c'est-à-dire que le yin et le yang sont en manque. Cela provoque généralement un vide ou un ramollissement des tissus, l'impression que la zone réflexe se dérobe sous nos doigts. Dans ce cas, la zone réflexe de l'intestin grêle et celle du cœur doivent être traitées.

L'insomnie qui apparaît chez les femmes à la ménopause est due à un excès de yang dans le système Eau, qui se décharge sur le système Feu (voir élément Eau, dans ménopause). Le yin doit être stimulé sur la zone réflexe des reins, en plus des autres manipulations. Il est recommandé à ces personnes de boire beaucoup d'eau et de prendre des bains.

L'insomnie est souvent la conséquence d'un système digestif perturbé, et les zones réflexes de ce système doivent être vérifiées et éventuellement traitées.

Hypersomnie

Elle est due à un yang défaillant dans le système Feu, auquel peut s'ajouter un yin trop élevé. Il faut manipuler la zone réflexe du cœur et surtout celle des intestins est à tonifier de façon à réveiller l'aspect yang du système. L'alcool, sous forme de vin rouge, à des doses raisonnables, convient à ces personnes, ainsi que les aliments amers.

Tachycardie

Le réflexologue différencie deux sortes de déséquilibres: la tachycardie suite à une situation yang d'une part, et celle suite à une situation yin. Les symptômes du patient ou la sensation des zones plantaires à la manipulation le guide sur le traitement à prendre.

Une tachycardie déclenchée par une anxiété ou due à une réaction d'excitation à un événement indique un yang dominant dans l'élément Feu. Ces personnes ont généralement un pouls de 80 pulsions par minute, qui peut atteindre 120 pulsions par minute pendant la crise. La zone réflexe du cœur est à manipuler, avec précaution, ainsi que la zone réflexe du plexus solaire.

Une tachycardie qui se déclenche la nuit et réveille le sujet ou qui apparaît au repos est liée à un yin dominant dans le système Feu. La zone réflexe des intestins doit être stimulée par des manipulations yanguisantes, ainsi que la zone réflexe du cœur.

Angine de poitrine

Une angine de poitrine peut dissimuler un estomac ou un colon perturbés. La réflexologie plantaire permet alors d'identifier la zone réflexe douloureuse et de rétablir l'organe surmené. Elle donne de très bons résultats lorsque toutes les zones réflexes du système digestif, en plus des zones réflexes circulatoires, sont méticuleusement examinées.

Transpiration

Des sueurs froides dans les extrémités (mains et pieds) sont généralement un indice d'un yin et d'un yang défaillants dans l'élément Feu. Celui-ci doit être stabilisé et fortifié par des manipulations sur les zones réflexes du cœur et des intestins. Ces personnes doivent particulièrement être attentives de dormir à des heures régulières, avoir une vie relativement heureuse et mener une vie relativement équilibrée.

La transpiration qui apparaît uniquement la nuit est un signe d'un manque de yin, soit dans l'élément Eau, soit dans l'élément Métal. La zone réflexe des reins et des poumons doit être tonifiée par des manipulations yinisantes.

Dépression

La dépression est liée aux éléments Feu et Métal. Lorsque le yin devient dominant au niveau de la cage thoracique, la personne est fatiguée, n'a envie de rien, ne communique pas ou peu et devient de plus en plus passive. Toutes les zones réflexes situées au niveau des phalanges et des métatarses devront être manipulées de façon dynamique, rythmique, yanguisante.

La dépression qui se transforme en euphorie est plutôt liée à l'élément Bois. Les sujets sont agressifs mais ne l'expriment pas et l'accumulent. Ceci augmente l'aspect yin, qui arrivé à saturation, se transforme en yang. Le foie étant un organe extrêmement yin, il bascule facilement à un état yang. C'est le même principe que le soleil, une fois arrivé à l'extrême de son ascension, c'est à dire au Zénith, passe à l'opposé. Les personnes deviennent alors hyperactives et agitées.

Le traitement doit commencer quand elles sont calmes. Il sera le même que pour la dépression ci-dessus, où s'y ajoutent des manipulations yanguisantes sur les zones réflexes du foie et de la vésicule biliaire. Les exercices physiques sont bons pour eux. Traiter au maximum deux semaines, puis arrêter. Ne reprendre que lorsque les personnes se sentiront mal à nouveau.

Maladie de Crohn

La maladie de Crohn, en affectant l'intestin grêle, révèle un déséquilibre aussi bien dans l'élément Feu que Terre, puisque cette dernière intervient dans tous les problèmes digestifs. Cette maladie présente une situation yang, avec un yin qui se consume au départ et aboutit généralement à un Qi défaillant, c'est-à-dire le yin et le yang sont en manque.

Les zones réflexes du cœur, de l'intestin grêle, de l'estomac et de la rate doivent être manipulées de façon alternativement yanguisante, puis yinisante. L'élément Terre qui est la base de l'organisme, étant profondément touchée, les améliorations peuvent être longues. Le traitement devra s'étaler sur plusieurs mois.

2. L'élément Terre

C'est la terre qui fournit tout ce dont nous avons besoin pour manger. Elle nous offre les légumes, les céréales, les fruits etc. De même dans notre organisme, c'est l'élément Terre qui gère la nutrition des tissus conjonctifs et de toutes les cellules. Cet élément gouverne la transformation et la diffusion des substances nutritives.

La rate et l'estomac sont associés à l'élément Terre, la rate représentant l'aspect yin et l'estomac l'aspect yang. La rate peut se comparer à un grand centre de distribution de l'organisme. Tout comme la Terre fournit tous les éléments dont nous avons besoin, cet élément coordonne et distribue les richesses dans l'organisme.

Un organisme de type yin dans cet élément développe de la substance dans les tissus conjonctifs. L'organisme ne "brûle" pas, mais au contraire garde les réserves. Ces personnes peuvent souffrir de problèmes de poids.

L'estomac broie les aliments de façon à ce que ceux-ci deviennent assimilables par l'organisme.

A. *Les déséquilibres dans l'élément Terre*

Des zones réflexes du pancréas et de l'estomac qui se révèlent douloureuses indiquent un déséquilibre entre le yin et le yang. Ce déséquilibre agit sur la stabilité physique et psychique de la personne, la digestion et le système lymphatique.

Si les zones réflexes du pancréas et de l'estomac présentent une qualité trop yin, le sujet risque de souffrir d'un sentiment de lourdeur au niveau de l'abdomen, s'aggravant avec l'inaction et une nourriture crue ou à base de lait. Il peut avoir des nausées mais n'arrive pas à vomir. Le patient a généralement les mains, les pieds et le nez froids.

Il peut souffrir d'œdème aux extrémités. Il a rarement faim et soif, mais par contre est gourmand, ce qui le rend souvent corpulent.

Le sujet est de type soucieux. Il aura tendance à parler des heures durant de ses soucis avec des amis, à fumer cigarette sur cigarette. Il ne deviendra pas actif, contrairement au type yang. Tandis que celui-ci s'extériorise en prenant contact avec des associations et des syndicats, le sujet de type yin garde ses soucis pour lui et ses proches. Il devient facilement toxicomane : grand fumeur ou boulimique.

Si les zones réflexes du pancréas et de l'estomac révèlent une qualité yang trop dominante, nous observons des symptômes de gastrites. Un yang élevé indique un sujet qui souffre de brûlures, de colique et de douleurs irradiantes au niveau de l'abdomen. Il vomit beaucoup et souvent. Il a mauvaise haleine, d'odeur acide. Le repos lui fait du bien. Il peut avoir des ballonnements bruyants qui s'éliminent facilement.

Dans des cas moins aigus, le sujet peut souffrir d'hypoglycémie et doit manger dès qu'il a faim. Il se plaint de ptose, de n'importe quel organe, comme la vessie, les reins ou l'utérus. Il a un bon sens du goût et sera capable, par exemple, de reconnaître l'origine des vins. Contrairement au type yin, il aime manger en compagnie et prend plaisir autour d'une belle table, alors que le type yin considère manger comme un devoir.

Des zones réflexes qui révèlent un yin et un yang défaillants présentent généralement des allergies, dues à une mauvaise nutrition de l'organisme à laquelle s'ajoute une mauvaise circulation lymphatique.

B. Orientation de traitement

Gastrite

La gastrite aiguë présente une situation yang. Les manipulations seront yinisantes, c'est-à-dire calmantes, sur les zones réflexes de l'estomac et de la rate. Cette dernière sera tout spécialement manipulée, de façon à augmenter la qualité yin, la rate étant l'aspect yin de l'élément Terre.

Mal d'estomac

Une personne souffrant de douleurs sourdes, constantes, qui empirent au repos et s'améliorent avec la distraction indiquent qu'il faut tonifier l'aspect yang. Elles décrivent également une sensation de lourdeur au niveau de l'estomac. Les manipulations s'exerceront de façon dynamique et rythmique sur la zone réflexe de l'estomac. Les zones réflexes lymphatiques seront également activées.

Ballonnements

Le réflexologue distingue deux types différents de ballonements: ceux dues à une situation yang et ceux dues à une situation yin. La consistance des tissus plantaires ou la description des symptômes par le malade lui permet de distinguer les déséquilibres.

Des ballonnements bruyants s'éliminant facilement présentent une situation yang. Des stimulus yang, tels que le café ou le thé en augmentent les effets. Les zones réflexes de l'élément Terre, c'est-à-dire celles de l'estomac et de la rate, seront manipulées par des mouvements yinisants.

D'autres éléments doivent être vérifiés. Selon la localisation des ballonnements, ils peuvent se concentrer soit autour du nombril, soit sur les côtés. Dans le deuxième cas, c'est le gros colon qui est plus précisément atteint et les zones réflexes de l'élément Métal — poumons et gros colon — doivent être vérifiées. Des malaises autour du nombril correspondent à l'intestin grêle. Le réflexologue traitera les zones réflexes de l'élément Feu — cœur et intestin grêle. L'aspect yang étant dominant dans ces éléments, l'action s'orientera surtout vers les organes yin, c'est-à-dire la rate, les poumons ou le cœur.

Des ballonnements qui en gonflant le ventre, ne s'éliminent pas, indiquent une situation yin. Ils peuvent aller jusqu'à émettre des crampes sévères et douloureuses. Ils s'aggravent avec la consommation de produits laitiers. Les zones réflexes de l'estomac, de l'intestin grêle et du colon doivent être manipulées de façon yanguisante.

Vomissements

Une situation yin crée plus de nausées que de vomissements. Ces personnes n'ont généralement pas faim, mais s'ils désirent prendre quelque chose, c'est un café bien noir qui leur fera du bien. La zone réflexe de l'estomac doit être tonifiée par des manipulations yanguisantes.

Une situation yang présente un sujet qui vomit beaucoup et souvent au début, puis la quantité diminue. Ils ont une sensation de brûlure, de l'estomac à la bouche. Ils ont faim mais ne peuvent rien manger. Le repos améliore leur état, la voiture ou le bateau leur est interdit ! La zone réflexe de la rate et celle de l'estomac seront activées par des manipulations yinisantes.

Herpès des lèvres

Les lèvres sont associées à l'élément Terre. Ainsi, une situation yang de l'estomac peut provoquer un herpès. Toute cigarette, café ou alcool doit être interdit, pour ne pas augmenter l'aspect yang. Les zones réflexes de l'estomac et surtout de la rate doivent être traitées minutieusement par des manipulations yinisantes.

Obésité

L'aspect yang de l'élément Terre contrôle la sensation de faim, l'aspect yin la gourmandise. Il est parfois difficile de savoir si on ressent de la faim ou de la gourmandise. Il peut arriver qu'on prenne de la gourmandise pour de la faim. C'est la sensation de soif qui aidera le réflexologue car la faim et la soif vont de pair. Vérifiez si la personne ressent de la soif. Un sujet qui oublie de boire présente une situation yin.

Méfiez-vous des personnes qui vous assurent qu'elles boivent leur un litre d'eau par jour. Souvent, elles ont lu dans un magazine "qu'il est bien de boire", ou c'est le médecin qui leur a conseillé de boire. Elles n'ont en fait pas soif, mais se préoccupent minutieusement de leur santé, ce qui confirme l'aspect yin dans l'élément Terre (l'émotion liée à cet élément étant de se faire du souci).

Donc s'il est difficile à la personne de différencier la faim de la gourmandise, orientez-vous à la soif : si elle boit peu, il y a de grandes chances pour que ce soit de la gourmandise !

Le yang doit être tonifié par des manipulations yanguisantes sur la zone réflexe de la rate et surtout sur celle de l'estomac. Si les sujets montrent une forte attirance pour le beurre, les zones réflexes du foie et de la vésicule biliaire devront être examinées.

Boulimie

Elle révèle généralement une situation yin. Ces personnes espèrent renforcer l'aspect yang en prenant de la nourriture, mais cela tonifie au contraire l'aspect yin. Le traitement est le même que pour l'obésité.

De plus, le réflexologue devra garder une distance par rapport au sujet afin que celui-ci ne devienne pas dépendant du thérapeute ! Ne parlez pas des vomissements, et ne montrez aucun intérêt aux problèmes qu'il évoque. Etant de nature dépendante, le boulimique risque fortement de transférer cette dépendance de la nourriture sur le réflexologue. C'est peut-être mieux pour la ligne, mais reste néanmoins de la dépendance !

Diabète

Le diabète juvénile révèle généralement un Qi défaillant, c'est-à-dire un yin et un yang déficients. La réflexologie plantaire peut aider à contrôler les hauts et les bas et ainsi régulariser la médication.

Le diabète chez les personnes âgées présente généralement une situation yin et peut être corrigé. Les zones réflexes de l'estomac et principalement de la rate seront manipulées, de manière yanguisante, tout en conseillant une diète appropriée.

Œdème

En cas d'œdème, il faut vérifier si la personne urine suffisamment dans la journée. Si ce n'est pas le cas, les zones réflexes des reins et de la vessie devront être tonifiées par des manipulations yanguisantes. Pour assurer la bonne distribution des fluides, les zones réflexes de l'estomac et de la rate devront être traitées par des manipulations yanguisantes, plus spécialement la zone réflexe de l'estomac (ce que la médecine allopatique appelle un œdème du cœur est pour la médecine chinoise un problème de la rate et de l'estomac, car ils coordonnent la distribution des liquides dans l'organisme).

3. L'élément Métal

A l'élément Métal sont associés les organes des poumons et du gros colon, les poumons représentant l'aspect yin et le colon l'aspect yang.

Cet élément contrôle la respiration. L'organisme ne respire pas que par les poumons mais également par la peau. La peau est donc attribuée à cet élément, et celui-ci gère sa consistance et sa sensitivité. Ainsi, une peau fine ou épaisse, grasse ou sèche seront des indices de l'état de l'équilibre yin et yang dans l'élément Métal pour le réflexologue.

Les Ecrits disent que cet élément contrôle non seulement la respiration, mais que le « Qi du ciel est en communication avec les poumons ». Par l'inspiration, nous captons de l'oxygène que le sang va distribuer aux cellules. Mais nous captons également du Qi, une sorte de substance énergétique, qui est tout aussi importante pour l'organisme et nourrit plus directement les corps subtils.

Des maladies respiratoires à répétition peuvent exprimer un manque par rapport à ce « Qi du ciel », ou révéler une nostalgie profonde, souvent inconsciente, d'une « communication avec le Qi du ciel ».

Une autre fonction de la peau est la protection de l'organisme par rapport au monde extérieur. Elle forme une enveloppe de protection. Ainsi dans la médecine chinoise, elle est considérée comme responsable du système immunitaire d'une personne. Quelqu'un qui attrape facilement un rhume ou n'importe quel autre petite infection démontre un yang défaillant de cet élément.

La fonction d'élimination est associée à cet élément par la peau, les poumons et le gros colon. Toute difficulté d'élimination, non seulement au niveau digestif mais aussi émotionnel sera attribuée plus spécialement au gros colon. Cette zone réflexe devra être activée.

Le sens lié à cet élément est l'odorat et l'émotion correspondante est celle de la tristesse.

A. Les déséquilibres de l'élément Métal

Une zone réflexe du poumon douloureuse révèle un déséquilibre entre les qualités yin et yang. Ce déséquilibre peut agir sur les poumons mêmes, ou peut se concentrer sur une des fonctions attribuées à l'élément Metal : métabolisme de la peau, processus d'élimination du gros colon.

Une zone réflexe du poumon qui révèle une qualité yin trop prononcée peut présenter une respiration asthmatique et des expectorations liquides et mousseuses. L'état du sujet s'aggrave durant la nuit et tôt le matin. Sa peau a tendance à être épaisse. Il porte éventuellement des verrues.

Une zone réflexe du poumon qui présente une qualité yang dominante peut révéler un sujet qui souffre de toux sèche, sans expectoration ou avec une expectoration épaisse et colorée. Il transpire la nuit et se sent fiévreux surtout l'après-midi. Il peut avoir les paumes des mains chaudes et même brûlantes avec une peau sensible et sèche.

Une zone réflexe du colon qui révèle une douleur et des tissus type yin indique des selles claires, semi-solides jusqu'à liquides. Si le yin est très prononcé, cela peut causer des constipations qui durent jusqu'à dix jours et plus. Lorsque les personnes vont aux toilettes, les selles sont alors abondantes, contrairement à la constipation de type yang.

Une zone réflexe du colon qui présente une qualité yang dominante indique des selles foncées et plutôt dures. Les sujets souffrent d'une constipation de type yang, c'est-à-dire qu'ils vont chaque jour aux toilettes, mais les selles sont très réduites et en petites boules, appelés « selles de souris ou de chèvre ».

B. Orientation de traitement

Asthme

L'asthme a une cause extérieure aux poumons. Les zones causales doivent être prises en considération, comme dans toute maladie, mais dans ce cas surtout, son origine se situant dans un autre élément.

L'asthme débute généralement par une situation yang dans les poumons : c'est le type allergique qui ne souffre de crises qu'au printemps, en consommant certains aliments, ou lors d'une émotion ou d'une infection. La crise vient de façon abrupte. Ils souffrent de spasmes sans expectoration.

Le traitement s'oriente en fonction des zones causales, auxquelles s'ajoutent des manipulations yinisantes sur la zone réflexe des poumons. Chez les patients tendus, la zone réflexe du foie doit être harmonisée. Il leur est conseillé de faire des exercices respiratoires.

L'asthme chronique présente une situation yin et demande plus de patience pour avoir des résultats, surtout en cas de médication continue.

Bronchite

Le réflexologue différencie deux sortes de bronchites, celle type yin et celle type yang, soit grâce à la consistance des tissus plantaires, soit par la description des symptômes par le malade.

Une bronchite type yang s'accompagne de toux sans expectoration ou d'une expectoration colorée. Le sujet est fiévreux ou se sent chaud, a envie de boire, urine moins que d'habitude et peut avoir une sensation d'irritation sur la poitrine ou à la gorge. La zone réflexe du poumon doit être traitée avec des manipulations yinisantes, ainsi que les zones lymphatiques. Le repos est conseillé.

Une bronchite avec une expectoration abondante, plutôt claire, où la personne a froid, n'a pas soif, et qui éventuellement sent un poids lourd sur la poitrine souffre d'un excès de yin. Les zones réflexes du gros colon doivent être tonifiées par des manipulations yanguisantes, ainsi que les zones réflexes des ganglions du cou et de la nuque.

Névro-dermite

La névro-dermite présente un manque d'élimination de la peau, ce qui entraîne une stagnation des substances à évacuer. Celles-ci, selon la médecine chinoise, « fermentent » et crée de la chaleur, qui se manifeste par des rougeurs et des irritations. On trouve ici aussi bien un yang en manque, sous forme d'une hypofonction de l'élimination, qu'un excès, sous forme de chaleur et d'irritation. Le yin prédomine, ce qui entraîne de la stagnation.

Il reste à différencier deux types : le type stagnant et le type chaud dont le dernier est le plus facile à traiter. Le type stagnant révèle un corps plutôt corpulent, une peau, lorsqu'il n'y a pas d'éruption, plutôt épaisse. Il a tendance à être introverti et timide. Il souffre généralement d'asthme, et son état empire par temps humide, par de la consommation de produits laitiers et chez les femmes avant leur règles et pendant la grossesse. La zone réflexe du gros colon doit être manipulée de manière yanguisante, tout en tenant compte des zones causales. Le traitement améliore l'état du patient, mais il arrive rarement à faire disparaître complètement les symptômes.

Le type chaud est de stature plutôt mince, d'humeur émotionnelle qui varie facilement. Ses éruptions changent rapidement, soit de couleur, soit d'endroit, et la peau est rouge, plus qu'elle n'est élevée, à ces endroits. Elle peut même être douce si l'individu ne s'est pas gratté. Son état s'aggrave avec l'irritation, l'alcool et des aliments acides. Chez les femmes, les règles n'affectent pas les symptômes, et la grossesse les améliore. La zone réflexe du poumon doit être traitée par des manipulations yinisantes, ainsi que celle du gros colon et des reins pour favoriser l'élimination. Les zones lymphatiques doivent être manipulées, éventuellement celle du foie s'il y une grande composante émotionnelle. Les résultats sont remarquables.

Urticaire

La crise d'urticaire indique une situation d'excès aussi bien de yin que de yang. Son origine se situe généralement dans l'élément Feu. Les zones réflexes du cœur et de l'intestin grêle doivent être traitées par des manipulations calmantes. Lors d'une crise aiguë, la réflexologie plantaire peut calmer les éruptions dans les heures qui suivent la séance.

Toux

Une toux sèche présente une situation yang. Les zones réflexes du poumon doivent être harmonisées par des manipulations yinisantes, et la zone réflexe du plexus solaire par des manipulations sédatives.

Ulcère gastrique

L'ulcère chronique révèle une situation yang, qui, en phase aiguë, se transforme en Qi en excès. Le sujet est anxieux, facilement excité et peut souffrir dans les phases tranquilles, d'une constipation sèche (type yang). Il doit éviter toute nourriture épicée ou friture. La zone réflexe du poumon doit être activée par des manipulations yinisantes, ainsi que celle du gros colon ou de l'intestin grêle. La zone réflexe du cœur doit être traitée par des manipulations yinisantes en cas d'anxiété. Le traitement donne de très bons résultats.

Œdème des poumons

La zone réflexe des reins et de la vessie doit être activée d'abord afin de permettre une meilleure évacuation. Puis, le réflexologue y ajoutera des manipulations sur les zones réflexes de l'élément Feu, afin d'augmenter la circulation, et de l'élément Terre, pour activer la distribution des fluides.

Constipation

Le réflexologue distingue deux sortes de constipation, celle type yin et celle due à une situation yang. Il se sert de la sensation des tissus plantaires ou écoute les symptômes que lui décrit le patient pour orienter son traitement.

La constipation de type yin, qui dure jusqu'à dix jours et plus et qui, lorsque les sujets éliminent, le font abondamment, présente une situation yin. Elle sera traitée par des manipulations yanguisantes sur la zone réflexe du colon.

La constipation de type yang est caractérisée par des selles journalières mais très infimes, sèches, dures et en petites boules. Elle sera traitée en tonifiant la zone réflexe du poumon afin d'augmenter la qualité yin. La zone réflexe du colon sera traitée par des manipulations yinisantes, c'est-à-dire par des pressions constantes sur les points douloureux et des mouvements sédatifs.

4. L'élément Eau

A l'élément Eau sont associés les reins et la vessie, les reins représentant l'aspect yin et la vessie l'aspect yang. L'énergie héréditaire, c'est-à-dire celle que l'on apporte à la naissance est logée dans les reins. En plus de cette énergie congénitale vient s'ajouter l'énergie que l'on acquiert lors de notre existence, par des pratiques physiques et mentales. Des deux, l'énergie acquise est la plus importante. Les reins sont donc le siège de l'énergie vitale d'une personne.

Une voiture est un bon exemple de l'énergie vitale d'une personne : le moteur représente l'aspect yang par rapport à l'essence qui est l'aspect yin. Le sujet qui a du mal à commencer quelque chose, qui a besoin de deux heures pour se réveiller le matin indique une situation yin. Il est comme la voiture qui démarre difficilement malgré le réservoir plein. Mais une fois poussée en dévalant le long d'une pente, le moteur se met en marche.

Le sujet fatigué au moindre effort et qui se sent mieux après le repos indique une situation yang. Il doit interrompre régulièrement son travail pour se reposer. Il est comme la voiture qui a un moteur qui fonctionne, mais où le réservoir d'essence fuit, ce qui l'oblige à faire halte souvent pour faire le plein.

Les fonctions attribuées à l'élément Eau sont le métabolisme de l'eau, l'ouïe, les organes génitaux et la sexualité. L'élément Eau gère également le cuir chevelu et le squelette. L'émotion associée à cet élément est la peur.

A. Les déséquilibres dans l'élément Eau

Une situation yin dans l'élément Eau, c'est-à-dire quand l'aspect yin est supérieur par rapport au yang, donne des symptômes de douleurs du dos et des jambes, de la rétention d'eau dans le corps, de cycles longs chez la femme. Le sujet se sent mieux vers midi ou dans un climat chaud.

Il peut avoir des cheveux prématurément gris et des difficultés à entendre. Ces personnes ont peur de l'inconnu et restent passives quand elles ont peur, jusqu'à en perdre conscience.

Une situation yang dans l'élément Eau s'accompagne également de douleurs du dos et des jambes mais celles-ci empirent avec l'activité et le mouvement. Le sujet urine peu et ses urines sont plutôt foncées et concentrées. Elles lui causent parfois des brûlures.

Les sujets sont facilement fatigués au moindre effort. Ils se sentent mieux après le repos, que ce soit après le sommeil ou la sieste. Les cheveux sont fins et cassants, avec éventuellement une perte de cheveux (la perte de cheveux à un endroit déterminé dépend d'autres éléments. Ici, il s'agit d'une perte globale sur tout le cuir chevelu). Chez la femme, les cycles sont courts, moins de 25 jours. Elle est fertile, et peut avoir des jumeaux.

Les personnes avec une situation yang dans cet élément ont aussi peur mais sont plus courageuses que celles types yin jusqu'à vouloir revivre les situations de peur. Chez elles, la peur peut aussi déclencher une agressivité typique, différente de celle liée à l'élément Bois.

Elles entendent bien, mais peuvent avoir du mal à comprendre car elles différencient mal les sons. Elles auront du mal à suivre une conversation dans un environnement bruyant, par exemple au restaurant. Elles peuvent souffrir d'un acouphère bas, comme le bruit d'une télévision allumée sans programme.

Une otite, une polynéphrite, des inflammations aux articulations et aux dents indiquent toutes un excès yang de cet élément.

B. Orientation de traitement

Arthrite et arthrose

Le réflexologue différencie quatre types d'arthroses : l'arthrose due à une situation yin, celle due à un excès d'humidité qui est également une situation yin, ou encore l'arthrose type yang, et celle due à un excès de vent, également type yang.

L'arthrite de type yin présente des douleurs constantes, qui s'aggravent au repos et s'améliorent avec une activité physique. Les personnes se réveillent la nuit à cause des douleurs, ou les douleurs apparaissent après le mouvement, par exemple le soir devant la télévision.

Les zones réflexes de la vessie et de la vésicule biliaire principalement, mais aussi celles des reins et du foie doivent être traitées par des manipulations yanguisantes. Les zones réflexes correspondant aux articulations touchées et les zones réflexes lymphatiques environnantes seront également traitées.

Les douleurs qui se manifestent lorsque la personne commence à bouger, par exemple, en se levant le matin, mais s'améliorent pendant l'activité présentent également une situation yin, marquant un excès d'humidité. Les articulations sont enflées. Ces personnes doivent éviter les produits laitiers, et si possible, les régions et les maisons humides... Le traitement est le même que ci-dessus.

Le sujet qui doit s'arrêter de bouger à cause des douleurs articulaires et où le repos est le seul salut montre une situation yang, marquant un excès de vent. Les zones réflexes des reins et du foie doivent être traitées par des manipulations yinisantes, de même que les zones réflexes correspondant aux articulations douloureuses et les zones réflexes des régions lymphatiques environnantes. La personne doit se reposer 10 minutes 5, 6 fois par jour dans une position allongée.

Le sujet qui se plaint d'une articulation douloureuse, puis d'une autre, puis encore d'une autre, souffre d'un excès de yang. Les articulations affectées varient suivant les jours. Il devra éviter l'alcool, les aliments acides (choucroute), et de passer ses vacances dans une région ventée. Le traitement est le même que ci-dessus.

Acouphènes

Le réflexologue différencie l'acouphène "sifflant", type yang, de l'acouphène "bourdonnant", type yin.

L'acouphène aiguë, type yang, d'apparition récente ou qui disparaît de temps à autre sont de très bonnes conditions d'améliorations. Le bruit ou le sifflement perturbe profondément ces personnes. Elles prédisposent généralement à l'hypertension, aux yeux rouges et irrités, au mal de tête. Elles sont de nature tendue.

Les zones réflexes du foie et des reins doivent être traitées par des manipulations yinisantes, ainsi que les zones réflexes de l'oreille et du nerf auditif.

Le sujet qui souffre d'un bourdonnement dans les oreilles comme si la télévision était allumée sans qu'un programme tourne, et que son malaise empire lorsqu'il place la tête contre quelque chose (par exemple l'oreiller la nuit), a besoin de manipulations yinisantes sur la zone réflexe des reins, ainsi que sur celles de l'oreille et du nerf auditif.

Aménorrhée

Le réflexologue cherche non pas à déclencher les règles, mais l'ovulation. Ainsi, le traitement s'effectue pendant 14 jours, et reprend après 14 jours de pause. Si la personne a des traces de règles, le traitement débutera pendant les règles et durera 14 jours à raison d'une séance tous les 2 ou 3 jours (au moins 8 séances en tout). Si la personne n'a pas du tout de règle, on peut tenir compte de la position de la lune et débuter le traitement en lune noire. Si les règles n'ont jamais eu lieu ou si elles ont disparu depuis longtemps, il peut être nécessaire de répéter le traitement durant 2 à 3 mois.

Les zones réflexes des reins, de la vessie, des organes génitaux et du bassin doivent être traitées par des manipulations yanguisantes.

Cycles trop courts

Les zones réflexes de la vessie et surtout des reins, ainsi que les zones génitales doivent être traitées par des manipulations yinisantes.

Règles abondantes

Les zones réflexes des reins, du foie et des organes génitaux doivent être traitées par des manipulations yinisantes, au cours des règles. L'état s'améliore 12 heures plus tard.

Cycles longs et peu abondants

Les zones réflexes du cœur et du foie doivent être traitées par des manipulations yinisantes de façon à agir sur l'anémie. L'apport de fer peut être nécessaire.

Stérilité

En cas de stérilité, deux choses sont à vérifier : soit l'élément terre est déficient, soit il y a un manque de chaleur.

S'il y a un manque de Terre, l'ovule fécondé ne pourra s'accrocher à la paroi utérine, tout comme la graine ne peut se développer sur un sol pauvre. Il sera balayé par l'eau ou le vent. Les manipulations seront de type yinisants sur les zones réflexes de l'estomac et de la rate.

Le climat de fertilisation est la chaleur. S'il y a un manque de chaleur, l'ovule ne pourra être fécondé. Le principe yang dans l'élément Eau doit être fortifié et le traitement sera le même que pour l'aménorrhée.

Impuissance

Les zones réflexes de la vessie, des organes génitaux et du bassin doivent être traitées par des manipulations yanguisantes.

Ménopause

Les pertes mensuelles de sang chez la femme évacuent de l'énergie yang. L'élimination de ce yang n'ayant plus lieu à la ménopause, il peut provoquer des bouffées de chaleur, des insomnies, de l'agitation. Les zones réflexes des organes yin sont à stimuler, non seulement sur la zone réflexe du rein, mais également celle du cœur et du poumon. Si l'irritation prédomine, la zone réflexe du foie doit être harmonisée. Le yin ainsi renforcé pourra contrôler le yang, tout comme une épouse forte sait mieux calmer son mari qu'une épouse effacée et soumise !

Pieds plats

Les zones réflexes des reins et de la vessie doivent être traitées par des manipulations yanguisantes.

Phobie

Si la personne n'affronte jamais ce dont elle a peur, par exemple prendre un ascenseur, un avion ou sortir, cela indique soit un yang défaillant, soit un Qi défaillant (aussi bien le yin que le yang sont en manque).

Les zones réflexes des reins et de la vessie doivent être activées par des manipulations yanguisantes dans le premier cas, en insistant sur la zone réflexe de la vessie. Dans le deuxième cas, alterner entre des manipulations yinisantes et yanguisantes.

En cas de phobie, le réflexologue doit également regarder comment la peur se manifeste. Par exemple, si le sujet est pris de tachycardie, l'élément Feu est également à traiter. S'il a peur des pièces fermées, l'élément Métal, qui est lié à tout ce qui est espace, indique un yang défaillant et doit être traité par des manipulations yanguisantes sur la zone réflexe du gros colon.

Cystite

Elle se traite bien, aussi bien en cas de crise aiguë que chronique. Les zones réflexes des reins et de la vessie doivent être manipulées.

Rétention d'urine

Elle consiste en l'impossibilité de l'élimination naturelle de l'urine et indique une situation yin. Les zones réflexes urinaires doivent être tonifiées par des manipulations yanguisantes.

Incontinence

Le sphincter vésical ne peut contrôler l'élimination urinaire et révèle un yang déficient. Les zones réflexes urinaires seront manipulées de façon yanguisante.

Enurésie

Les mictions nocturnes involontaires donnent de très bons résultats surtout chez les enfants, à la condition qu'ils aiment se faire traiter par la réflexogie plantaire et confient leur pieds. Les zones rénales doivent être harmonisées.

5. L'élément Bois

A l'élément Bois sont associés les organes foie et vésicule biliaire, le foie représentant l'aspect yin et la vésicule biliaire l'aspect yang. Cet élément peut se comparer à un grand arbre s'étalant majestueusement dans l'être humain. Il assure la connexion entre la terre et le ciel, et ainsi est responsable d'une bonne circulation du Qi dans l'organisme. Les qualités de stabilité, de force tout en restant flexible correspondent aux propriétés de l'élément Bois. Ainsi, un sujet souffrant de la colonne vertébrale, de vertige, de mauvais équilibre, de migraine, fera penser de vérifier les zones réflexes du foie et de la vésicule biliaire.

L'activité du foie consiste principalement en :

- la synthèse du glycogène
- la synthèse des corps gras : triglicérides, cholestérol, etc.
- la synthèse des protéines
- le stockage du fer

La bile, outre sa fonction d'élimination (bilirubine, toxines, médicaments...), a la fonction d'émulsionner — c'est-à-dire transformer en petites particules — les graisses afin d'en permettre l'assimilation par les cellules de l'organisme.

Ces fonctions complexes, qui se déroulent la nuit, ont toutes un point commun : celle de la synthèse et de « donner corps ». La fonction du foie dans son essence est d'incarner. Le foie donne de la substance. Il régit le stockage du sang. Il représente ainsi la polarité féminine, réceptive, nourrissante. Aussi, les chinois considèrent que c'est l'organe le plus yin dans le corps.

Extrêmement yin, il peut facilement passer au yang, conformément à la loi des polarités. Ce qui atteint le sommet de la courbe, se transforme en passant à l'opposé. Cela peut se vérifier par la chaleur de l'organe : c'est le plus chaud du corps avec ses 41°. C'est le fourneau de l'organisme. Cette chaleur est l'expression du rendement énorme que fournit cet organe.

Le foie est la plus volumineuse des glandes annexées au tube digestif. On peut dire qu'elle baigne dans le sang veineux (le sang veineux représente 75 % de la circulation sanguine du foie alors que le sang artériel 25 %). Prélevée par les intestins, la veine porte apporte au foie un sang riche en substances alimentaires. Ce sang veineux va se répartir dans un grand nombre de ramifications qui cheminent autour des lobules hépatiques. C'est seulement dans le foie, et plus particulièrement dans les lobules qui ressemblent à des mures, que nous pouvons assister à un tel épanouissement du sang veineux. La médecine chinoise dit que le caractère du foie est « d'éclore » et qu'il déteste la dépression !

L'artère hépatique est de structure très fine. Elle suit, presque effacée, les ramifications de la circulation nutritionnelle pour aller se déverser dans les lobules et se mélanger au sang veineux venu de la veine porte.

Les fonctions associées à l'élément Bois sont le stockage du sang, la vision, la tension musculaire et le maintien des ongles et des tendons. Ainsi, un déséquilibre pourra se manifester par des subluxations, des torsions régulières, des ongles cassants ou déformés, une mauvaise vue, des yeux irrités et rouges...

Les Ecrits disent que le foie est le fonctionnaire qui planifie. C'est lui qui prépare les plans et c'est la vésicule biliaire qui décide. Une personne souffrant de migraine, souvent due à une mauvaise circulation du Qi dans l'organisme, lié à l'élément Bois, décrit son malaise ainsi : « J'ai une pression terrible dans la tête ce qui m'empêche de penser, et je ne peux rien planifier ni faire quoi que ce soit ».

Il pourrait sembler étonnant que ce ne soit pas l'élément Feu, qui est lié à l'activité intellectuelle, qui occupe ce poste. Mais est-ce vraiment notre intellect qui planifie ? Avons-nous pris la décision de naître avec notre intellect ? Avons-nous planifié dans quel pays ? Notre intellect a-t-il choisi notre partenaire ? Sûrement pas. C'est donc autre chose. Je serais tentée d'appeler cette autre chose l'âme, sans considération d'ordre religieuse. Si l'élément Feu gouverne l'activité intellectuelle, l'élément Bois est lié à l'activité de l'âme.

A. *Les déséquilibres de l'élément Bois*

Une zone réflexe du foie qui révèle un yin trop prononcé présente un sujet plutôt corpulent, avec des yeux constamment humides et souffrant d'hypertension. Il peut ressentir une lourdeur au niveau de l'abdomen avec des renvois, surtout après les repas. Il porte à une humidité au niveau des organes génitaux ou à l'aine, ce qui peut lui causer des irritations ou des mycoses.

Il est de nature dépressive et garde sa colère en lui. Il peut par contre être sournoisement méchant. Ces personnes sont intérieurement très nerveuses mais n'en laissent rien paraître. Leurs articulations sont d'une grande laxité. Les femmes souffrent de syndromes prémensuels. L'exercice physique est un cauchemar pour ces sujets.

Si la zone réflexe du foie présente un yang trop dominant, nous aurons affaire à une personne du genre tendu et agressif, qui, entrée dans le cabinet, nous occupera ! La voix est forte, la figure rosée.

Elle peut également souffrir d'hypertension mais celle-ci varie selon son état d'excitation et d'activité. La tension s'améliore au repos. La personne souffre d'inflammations des ongles (paonychose), de tendinites, des yeux rouges et irrités, ou plus grave, des conjonctivites. Elle peut souffrir d'acouphène d'un son aigu.

B. Orientation de traitement

Hypertension

Le réflexologue distingue deux sortes d'hypertension : celle due à une situation yin, et celle due à une situation yang. Pour cela, il s'oriente soit à la sensation des tissus planteires, soit à la description des symptômes par le malade.

L'hypertension constante, qui est la même, que ce soit le matin ou le soir présente une situation yin. Il est recommandé pour ces patients de perdre du poids, et de faire éventuellement des dons de sang réguliers. Les zones réflexes du foie et de la vésicule biliaire doivent être tonifiées par des manipulations yanguisantes.

L'hypertension qui varie, selon que le sujet est excité ou pas, démontre une situation yang. La tension augmente lorsque le sujet est actif, dans la journée au travail, ou dans une situation qui le rend nerveux, par exemple chez le médecin. Le lendemain matin, en mesurant sa tension, il s'apercevra qu'elle est redevenue normale. Les zones réflexes du foie et de la vésicule biliaire devront être manipulées par des mouvements yinisants.

L'hypertension peut être également due à une situation yang au niveau des reins. Ces personnes, généralement des hommes entre 25 et 35 ans, auront alors 13/10 de tension, le deuxième chiffre étant trop élevé. Dans ce cas, la zone réflexe des reins doit être traitée par des manipulations yinisantes.

Hypotension

Elle peut être due à un manque de sang. Le sujet se sentira alors constamment fatigué. Il sera pâle, aura des vertiges, ou les extrémités qui s'engourdissent (les fourmis) facilement lorsqu'il ne bouge pas.

L'aspect yin et yang dans l'élément Feu doit être tonifié par des manipulations sur les zones réflexes du cœur et de l'intestin grêle. La zone réflexe du foie doit être traitée par des manipulations yinisantes.

L'hypotension peut également être la conséquence d'un manque de tonus dans l'organisme. Le sujet se sentira moins bien le matin. Il ne pourra se mettre en route qu'avec l'aide de plusieurs cafés. Il est recommandé à ces sujets de se coucher avant minuit. Les zones réflexes du foie et de la vésicule biliaire seront activées par des manipulations yanguisantes.

Tic

Les tics peuvent se normaliser en traitant la zone réflexe du foie par des manipulations yinisantes. Pour ceux qui en sont affligés, il est conseillé de faire des exercices de respiration et de relaxation.

Migraine

Le réflexologue différencie la migraine due à une situation yang et celle due à une situation yin.

La migraine qui provoque des douleurs pulsatives, qui rend extrêmement sensible aux bruits et à la lumière, où les sujets vomissent et ne sentent un soulagement qu'avec le repos indique une situation yang. Généralement, l'aspect yin est chroniquement trop faible. L'aspect yang n'est donc plus contrôlé par l'aspect yin, et l'apport d'un peu de yang, tel que de l'alcool, des aliments acides (choucroute) ou simplement une situation de stress, permettra au yang d'augmenter et d'engendrer une migraine. La zone réflexe du foie doit être manipulée par des mouvements yinisants.

La migraine se manifestant lorsque le sujet dort plus longtemps que d'habitude, ou se produisant régulièrement les week-ends, présente une situation yin dans l'élément Bois. Il en va de même pour des migraines qui apparaissent avant les règles chez les femmes. Ils leur est conseillé de faire des exercices physiques le week-end, ou avant les règles de façon à développer l'aspect yin. Les zones réflexes du foie et de la vésicule biliaire doivent être traitées par des manipulations yanguisantes.

Dans les deux cas, les zones réflexes symptomatiques du crâne, des tempes et du cerveau devront également être manipulées.

Myopie

La myopie s'améliore par des manipulations sur les zones réflexes des yeux, et des manipulations yanguisantes sur les zones réflexes du foie et de la vésicule biliaire. De plus, ajoutez-y des exercices quotidiens qui prennent de 5 à 10 minutes : bouger les yeux dans toutes les directions : de bas en haut et vice versa, de gauche à droite et vice versa, diagonalement (droite/haut à gauche/bas et vice versa, gauche/haut à bas/droite et vice versa). Puis faites des grands cercles lents avec le regard, en utilisant l'orbite maximale, dans les deux sens. Il est recommandé de faire ces exercices dans une position couchée si cela est possible, et dans une lumière atténuée (pas au soleil de midi). Si la myopie date de quelque mois, les résultats sont garantis.

Presbytie

Faire de même que pour la myopie.

Glaucome

La pression intérieure dans l'œil doit être diminuée. Le glaucome présentant une situation de Qi trop élevée dans l'élément Bois, le déroulement du traitement s'orientera ainsi : l'élément Feu et Terre doivent être harmonisés par des manipulations sur les zones réflexes du cœur, de l'intestin grêle, de l'estomac et de la rate. Une fois ces zones harmonisées, les zones réflexes du foie et de la vésicule biliaire seront traitées et le blocage pourra s'évacuer dans l'élément Feu et Terre. Les manipulations circulatoires sont très importantes ici, et bien sûr, les zones réflexes des yeux.

Paralysie

Les résultats sont meilleurs dans la paralysie flasque que spastique. Le traitement suivant, dans les paralysies flasques, peut accompagner les exercices kinésiologiques. Il augmente la rapidité des progrès : manipulations yanguisantes sur les zones réflexes du foie et de la vésicule biliaire, manipulations alternativement yinisante et yanguisante sur les zones réflexes des reins et de la vessie. Puis, selon la partie du corps la plus touchée (bras, visage, jambe, nerf facial, etc.), les zones réflexes correspondantes devront être traitées.

Dans la paralysie spastique, la zone réflexe du foie doit être traitée par des manipulations yinisantes, ainsi que des manipulations circulatoires.

Torsion interne du pied

Les zones réflexes du foie et de la vésicule biliaire seront traitées par des manipulations yanguisantes.

Tension

Il existe plusieurs sortes de tension. Un sujet qui présente une tension dans une seule partie du corps, par exemple une cervicalgie, mais dont la musculature générale est sans tonus indique une situation yin dans l'élément Bois.

Ces sujets paraissent généralement aussi calmes qu'un lac mais ils sont facilement nerveux et irrités intérieurement. Ils se mordront les lèvres ou auront une pierre dans l'estomac. Leur tension et leur nervosité augmentent en face de l'agressivité d'autres personnes. Les zones réflexes du foie et de la vésicule biliaire doivent être traitées par des manipulations yanguisantes.

Une situation yang indique une tension dans tout le corps, avec des tics ou un tremblement des mains. Leur nervosité se perçoit, par exemple par les doigts qui tapotent sur la table, ou ils bougent constamment de la jambe et du pied. Les zones réflexes du foie et de la vésicule biliaire doivent être traitées par des manipulations yinisantes.

Chapitre 19

La réflexologie au-delà des pieds...

1. Correspondances entre la statique et la physiologie

Des pieds sains ont trois fonctions distinctes, qui offrent une utilité optimale :
- le talon sert d'ancrage dans le sol
- la plante s'adapte aux irrégularités du sol et préserve l'équilibre
- les orteils perçoivent les subtilités du sol

Les zones réflexes situées sur la plante du pied sont celles des poumons et du cœur. Ces deux organes placés dans la cage thoracique sont frappant par leur travail rythmique : l'inspir et l'expir pour les poumons, la systole et la diastole pour le cœur. Nulle part ailleurs dans le corps n'existe une telle cadence. Inlassablement, le vide fait place à la plénitude et inversement. L'épreuve de ces organes est d'assurer l'équilibre entre deux états radicalement opposés. Une perturbation dans l'harmonie de ces pôles crée des pathologies telles que l'asthme, des embolies, de l'hyperventilation ou des nécroses.

La projection de ces organes dans le pied se trouve au niveau de la plante, qui, elle aussi, assure l'équilibre dans notre marche, et démontre une fonction similaire aux organes vus ci-dessus, mais simplement adaptée à son échelle. Elle va ajuster l'avant et l'arrière, la droite et la gauche. Elle épouse le sol et harmonise les irrégularités.

Le talon a davantage une fonction d'ancrage. Il s'implante sur le sol. C'est lui que l'on utilise pour frapper le sol dans un moment de colère afin d'affirmer sa volonté. D'une certaine manière, il affirme notre existence et exprime : « Je suis là ». On pose le pied, en marchant, d'abord avec le talon, pour ensuite dérouler tout le pied. Le premier contact d'un pas est l'implantation, l'ancrage, affirmer « je suis là » au moyen du talon.

Les organes de reproduction et le bassin sont projetés dans le talon, sur le calcanéum. Ils ont une fonction, dans son essence, équivalente : celle de donner forme, d'incarner, de mettre au monde. C'est dans le bassin d'une mère que nous avons tous commencé à prendre forme ! Le bassin et le talon ont en commun, bien qu'à différents niveaux, le principe d'enraciner, de donner matière, d'incarner.

Et les orteils... Ah, nous pourrions presque les oublier. Ils sont tellement subtiles. Nous avons là dix antennes qui ont la capacité de capter, de tester, de sentir, de percevoir le sol. Le talon, par rapport aux orteils, est incapable de telles nuances.

Dans les orteils se projette la tête, siège du conscient, de la perception, de l'intelligence. La plupart des sens sont logés dans la tête : la vue, l'ouïe, l'odorat, le goût... Ils permettent une perception du monde extérieur.

Bien qu'uniquement à une échelle statique, les orteils ont quelque chose de la subtilité du système nerveux et de la capacité de perception des sens.

On peut ainsi constater que les fonctions, à une échelle statique pour le pied et à une échelle physiologique pour l'organisme, montrent des qualités respectivement similaires.

En agissant à une échelle ou à un niveau, par exemple sur les pieds, l'impulsion se répercute automatiquement sur d'autres dimensions comme sur celle de l'organisme. Qui n'a pas éprouvé le fait que des chaussures inconfortables, comprimant les orteils ou serrant les métatarses, rendent fatigué et irrité ? On voit ainsi le lien direct entre la statique corporelle et le bien-être psychique.

2. Différents niveaux d'existence

L'organisme se projette dans une dimension plus petite que lui, tel que le pied, mais également dans une dimension plus élevée, tel que le psychisme.

Le psychisme est fait lui aussi d'une substance, d'un corps, mais il n'est habituellement pas perceptible à nos yeux. Il constitue ce que l'on appelle le corps énergétique. Il est comme l'atmosphère dans une pièce que l'on ne peut pas saisir mais que l'on ressent.

Que vous croyez en l'existence de cette enveloppe énergétique ou non, sûrement avez-vous déjà fait l'expérience suivante : en apercevant un ami de dos, vous avez pu deviner son état d'âme, s'il est joyeux ou triste. Comment cela se fait-il ? Vous avez perçu « l'atmosphère » que son corps dégageait et inconsciemment reçu les informations de son être sans avoir vu l'expression de son visage.

Ces différentes dimensions, ou échelles, s'emboîtent les unes dans les autres à la façon des poupées russes : le pied est une partie de l'organisme, celui-ci est une partie du psychisme, ce dernier une partie de l'âme, ou d'un corps spirituel et ainsi de suite. Une action à une des dimensions « résonnera » sur les autres.

Chaque chose, chaque objet, chaque corps a son existence et son niveau de conscience. Tout univers, qu'il soit petit ou grand, naît, vit et meurt. Chaque cellule dans notre corps a son individualité et son univers d'existence, tout comme nous avons notre individualité et notre univers. La planète terre est l'univers de l'être humain, le pays et la culture où il vit. L'univers d'un globule rouge est notre propre corps qu'il parcourt. La triple dimensionnalité de l'être humain n'est pas la même que pour le globule rouge. Pour nous, c'est la planète Terre. Pour le globule rouge, c'est notre corps. Mais bien qu'il existe à une dimension différente de la nôtre, il a lui aussi son existence, sa vie, sa réalité.

De même que pour des corps plus grands que nous : les planètes de notre système solaire naissent, vivent et meurent, mais dans une autre dimension. A notre niveau de conscience, ils peuvent paraître hors du temps, presque éternels. Mais leur vie se déroule comme la nôtre, simplement elle est difficile à percevoir à notre niveau, tout comme le globule rouge a du mal à se rendre compte de notre champ d'action avec ses 120 jours d'existence...

Eh oui, nous ne sommes pas le centre du monde, et il existe bien d'autres « consciences » et niveau d'existences. Si nous étions plus conscients de notre place dans l'univers et pourrions respecter la vie à chaque niveau...

Mais quelle que soit la dimension de l'existence, ce sont les mêmes lois et les mêmes principes qui les dirigent. La cellule et les planètes procèdent des mêmes principes que l'être humain. Les manifestations seules sont différentes, comme si la Nature aimait se camoufler derrière la créativité de sa création.

3. Correspondances entre la physiologie et le psychisme

La correspondance entre la physiologie et le psychisme est généralement évidente : qui ne connaît pas l'effet d'un estomac trop plein sur notre humeur ? Il peut rendre fatigué jusqu'à être de mauvaise humeur. Une articulation douloureuse peut enlever jusqu'à la joie de vivre. Combien de fois un problème relationnel s'extériorise par un

« mal de tête... », ou un rendez-vous désagréable est annulé sous le prétexte d'un mal de ventre...

Mais l'intéressant c'est l'analogie entre le fonctionnement du corps et du psychisme.

Nous recevons à longueur de journée des impressions de l'environnement : les bruits, les images, les odeurs de l'endroit où nous sommes. Notre psychisme devra assimiler la multiplicité des informations dont nous sommes submergés : le bruit et l'odeur des voitures ou de la forêt, les sons et les couleurs, la sensation de l'air sur le visage...

Les impressions alimentent notre psychisme, tout comme les aliments sont la nourriture de notre corps. Nous ne pourrions vivre sans impressions extérieures. Des expériences ont été faites sur des personnes qui ont été complètement retirées du monde environnant. Cela a entraîné un retard irrémédiable du comportement humain.

Ces impressions doivent être digérées par nos organes « psychiques ». En effet, nous avons un estomac psychique qui va, s'il fonctionne bien, broyer les informations qu'il reçoit. Les impressions seront décomposées en différentes particules. Elles passeront ensuite par nos « intestins psychiques ». Il absorbera ce qui lui semble valable, et rejettera par le « colon psychique », les impressions qu'il ne peut utiliser.

Vous rendez-vous compte de la sagesse des intestins ? Sans aucune participation de notre conscient, les intestins ont la capacité de différencier les éléments nutritifs de ceux qui ne le sont pas.

Les « intestins psychiques » doivent eux aussi analyser les impressions reçues afin d'en assimiler le bon et en rejeter le mauvais. Nous devons cultiver les bonnes impressions, celles qui augmentent notre énergie, favorisent notre humeur, notre joie et notre compréhension. Laissons de côté les impressions négatives, les attitudes mentales défavorables et les pensées destructives. Ayons des amis et des occupations qui nous « nourrissent » profondément. Eliminons les occupations qui nous éloignent de l'essentiel. Des « intestins psychiques » qui fonctionnent bien savent faire le tri.

Un « intestin psychique » qui fonctionne bien dépend également de la faculté d'écoute de la personne. Pour assimiler une information, il faut avoir une attitude d'écoute. Etre d'accord ou ne pas l'être, avoir raison ou tort, entraîne une mauvaise assimilation. Ce qui n'est plus échange devient argumentation, et ne peut être enrichissant/nourrissant.

Beaucoup de gens prennent les polémiques pour un échange profond. Alors que leurs attitudes mentales et leurs pensées n'auront pas changé d'un pouce. Une assimilation mentale, par exemple la découverte d'une nouvelle possibilité ou d'une idée peut se faire de manière anodine. Celui qui abandonnera ses vieilles structures pour un moment aura cette chance.

Le rôle du gros intestin est d'évacuer les éléments dont l'organisme n'a pas besoin. Ici aussi, le « colon psychique » doit évacuer ce qui ne lui sert pas. Dans nos villes, le psychisme est en état de boulimie. Il a besoin d'être toujours sollicité, entendre la radio, regarder la télévision, avoir de l'action autour de lui. Ses « intestins psychiques » n'ont pas le temps de faire le tri et son « colon psychique » encore moins le temps d'évacuer ce qui ne lui convient pas. Cela s'appelle-t-il vivre ?

C'est notre conscient qui différencie et fait le tri de nos impressions. Le conscient se situe dans le cerveau. D'ailleurs, nous retrouvons une ressemblance au niveau anatomique de ces deux organes : tous deux ont des circonvolutions. Dans la médecine chinoise, l'intestin grêle appartient à l'élément Feu, qui est responsable de l'activité intellectuelle.

Les aliments sont broyés par l'estomac, triés par les intestins, et les particules absorbées vont en majeure partie au foie. Jusque-là, les particules restent des éléments étrangers à l'organisme. Le foie les transforme en substances internes (cellules plasmatiques, glycogène, hormones etc.) Nous pouvons manger n'importe quoi, si le foie ne transforme pas les aliments en substances utilisables par l'organisme, cela ne nous nourrira pas.

Notre « foie psychique » est très important. S'il fonctionne, il transforme les impressions en substances internes. C'est l'organe de l'intégration. Que sommes-nous si nous ne sommes composés que d'éléments qui nous sont étrangers ? Qui sommes-nous si nous ne faisons que répéter ce que nous avons lu ?

Le foie ne peut travailler que si le corps est allongé et le sommet de son activité est la nuit. C'est pourquoi les personnes souffrant du foie doivent se relaxer régulièrement deux à trois fois par jour dans la position couchée. Ainsi, si nous voulons avoir un « foie psychiquc » qui fonctionne, nous devons nous réserver au cours de la journée des moments calmes, de relaxation, ce qui nous permet d'intégrer les impressions et les expériences vécues. Nous ne devons pas seulement calmer le corps mais surtout l'esprit en laissant reposer les pensées.

Un autre facteur important est la déformation. La déformation apparaît quand nous pensons en « petites boîtes », c'est-à-dire associativement. Chacun de nous a, par sa culture, son éducation et ses expériences des associations liées aux mots, aux odeurs, aux bruits, aux formes etc. Le même mot aura différentes significations pour différentes personnes. Ecoutons le message, non pas les mots.

Si nous devenons conscients de nos associations avec les mots et les choses, il est alors possible de réaliser que les autres ont d'autres associations que nous, du fait de leur vécu différent. Nous pouvons alors nous détacher des associations restrictives pour intégrer d'autres points de vue, d'autres façons de penser et de voir. Grâce à cette intégration, notre conscience peut s'élargir.

N'oublions pas que les aliments assimilés par les intestins (lipides) vont par les voies lymphatiques se déverser dans la veine cave, passent par le cœur droit afin d'aller prendre un bol d'air dans les poumons.

Les substances absorbées par le foie (sucres simples et acides animés) vont par les veines sus-hépatiques également se jeter dans la veine cave inférieure, et par le passage du cœur droit, s'oxygéner dans les poumons.

Les aliments que nous avons mangés vont, en particules dissociées, renaître dans les poumons : ils auront droit à une bouffée d'oxygène - tout comme le nouveau né pousse son premier cri. Il regarde autour de lui, avec ce regard interrogateur sur ce qui lui arrive et où est-il tombé ? Mais la vie va vite l'occuper, tout comme les particules vont être expulsées par le cœur gauche dans la grande circulation, et être prises dans le tourbillon de leur devoir.

A quoi l'oxygène, les poumons, le cœur, la grande circulation sont-ils analogues au niveau psychique ? A vous de le découvrir...

4. Les échos d'un niveau à l'autre

Etre en bonne santé, cela veut dire avoir aussi bien des « organes psychiques » que des organes physiologiques qui fonctionnent bien. Un organe malade a comme conséquence des pieds qui ne se posent pas de manière adéquate sur le sol et les zones plantaires sont de ce fait mal stimulées. « L'organe psychique » sera également affecté.

En agissant à une dimension donnée, automatiquement, l'impulsion se répercute sur les autres dimensions. On ne peut changer quelque chose à un niveau sans que les autres niveaux soient affectés. Ainsi, un traitement sur les pieds aura une influence sur le corps, et un changement dans le corps affectera le psychisme, et un changement dans le psychisme influencera l'environnement et ainsi de suite.

La réflexologie plantaire utilise ces correspondances pour rétablir le bon fonctionnement, énergétiser l'organisme, décongestionner les stases. Née d'un savoir ancien, elle est basée sur l'observation de la nature qui a reconnu que les mêmes principes agissent à différents niveaux.

Chapitre 20

Quelque conseils...

Prenez un bon bain de pieds chaud en rentrant du travail ou avant d'aller vous coucher. Si ça vous coûte trop de faire un bain, au moins lavez-vous bien les pieds à l'eau chaude avant d'aller vous coucher. Qui ne pourra résister à l'agréable détente musculaire et psychique pourra ajouter deux à trois poignées de gros sel marin dans le bain. L'effet en sera augmenté.

Les pieds ont supporté votre corps durant toute la journée. Ils ont été au service de vos projets : vous emmener travailler, manger, discuter etc. Remerciez-les et consacrez quelques minutes à leur soin. Ils vous en seront reconnaissants et vous serviront d'autant mieux le lendemain ! D'autant plus que ce n'est pas seulement vos pieds que vous soignez, mais tout votre corps : l'organisme entier se reflète dans les pieds.

Que vous souffrez de fatigue ou non, faites un petit exercice simple de temps à autre, que ce soit au bureau ou ailleurs : debout, montez sur la pointe des pieds en inspirant, et redescendez sur vos talons en expirant. Faites ça légèrement, doucement, sans forcer votre respiration.

De cette manière, vous agissez sur la zone réflexe de la ceinture d'épaule, vous étendez la nuque, stimulez le système nerveux et harmonisez le rythme cardiaque. Tout début de mal de tête, de fatigue et de nervosité s'évanouieront. Si vous vous gênez devant les autres, vous pouvez toujours vous retirer aux toilettes ! Mais vous découvrirez sûrement une réaction d'accueil et d'envie à faire la même chose chez vos collègues. La gène est souvent plus chez soi-même que chez les autres. Alors osez !

Pour un début de migraine, étirez-vous les cinq orteils, jusqu'à les faire craquer ! Le craquement est un bon signe, à moins qu'il ne soit douloureux. Il dégage votre nuque et relâche toute la musculature des épaules. Massez-les également, pressez la pulpe sur le dessous des orteils. Cela stimule la circulation sanguine et nerveuse dans le cerveau.

Si votre migraine débute par une sensation de pression derrière les yeux, pensez à traiter surtout le deuxième et le troisième orteil, sur le dessous dans le creux (phalange médiane et proximale II et III). Si vous trouvez des points douloureux, restez deux à trois secondes dessus, relâchez, puis répétez la pression jusqu'à ce que la douleur diminue.

En cas de nausée, utilisez cette même manipulation de pression et de détente sur la zone réflexe du plexus solaire. Elle se situe sur le dessous des pieds dans le creux des deux coussinets, sur le passage de la plante à la voûte, là où change la texture de la peau.

Les insomniaques peuvent manipuler la zone réflexe du diaphragme et du plexus solaire. Suivant si vous du mal à vous endormir, ou si vous vous réveillez au milieu de la nuit , procédez de différentes manières.

Si vous avez du mal à vous endormir, manipulez les zones réflexes de l'estomac et de la rate sur le pied gauche, situées sur la voûte plantaire (la moitié distale) sur toute la largeur du pied. Pourquoi la rate et l'estomac? L'émotion de se faire du souci correspond à la rate et l'estomac, ainsi que les pensées répétitives. En agissant sur leur zones réflexes, l'activité mentale pourra être reéquilibrée par une harmonisation énergétique.

Si vous vous réveillez au milieu de la nuit et ne pouvez plus vous endormir, manipulez les mêmes endroits décrits ci-dessus sur la moitié distale de la voûte, mais cette fois sur le pied droit. Ils correspondent au foie et à la vésicule biliaire.

Si vous souffrez de lombalgie, manipulez la zone réflexe des lombes, située sur le bord interne du talon. Incluez également les zones sous les chevilles, qui correspondent aux muscles du bassin.

Pour une sciatique qui "tire" derrière la jambe, cherchez un petit point juste sous la malléole interne, qui représente le nerf sciatique. Si au contraire, la sciatique descend sur le bord latéral de la jambe, manipulez ce même point, mais sur le bord latéral du pied, sous la malléole.

Si la lombalgie vous immobilise trop, demandez à quelqu'un de vous traiter ! L'idéal est de la faire préventivement, mais même en cas aigüe, un soulagement peut être senti rapidement.

En cas de cervicalgie cherchez des points douloureux dans le creux de l'orteil, qui représente la nuque. Accentuez vos manipulations sur le bord médial de l'orteil, zone réflexe des vertèbres cervicales. Si tout ça vous est trop compliqué, tournez simplement le gros orteil, en faisant des rotations lentes et vastes, ce qui apporte déjà un soulagement!

La glande de l'hypophyse, située au milieu du crâne est à la « tête » de toutes les autres glandes. Si vous êtes angoissée, stressée ou déprimée, la zone réflexe de cette glande est probablement perturbée et a besoin d'un traitement. La zone réflexe se trouve sur la pulpe du gros orteil, là où se rejoignent les empreintes des orteils. En posant délicatement les pouces sur la zone réflexe, comme un papillon, on ressent un pouls. Agissez sur celle-ci jusqu'à ce que ce pouls devienne régulier et pulse en même temps sur les deux pieds.

Cette action sur la zone réflexe de la glande hypophyse stabilise vos humeurs, fortifie votre attitude et surmonte ainsi la fatigue, le découragement et la nervosité.

Nous sommes en contact permanent avec la terre par nos pieds. C'est par eux que nous captons l'énergie de la terre. Si nous voulons bien « être sur terre », et pouvoir nous reposer sur le sol qui nous porte, nous devons faire revivre nos pieds. Si les « portes » sont verrouillées dès l'entrée, c'est comme si les canaux d'alimentation étaient coupés. Les organes en manque cherchent leur bonheur ailleurs et mettent la zizanie dans tout le système.

Il peut paraître difficile d'établir un contact avec la terre si nous marchons toujours sur du béton ou de la moquette synthétique ! Mais la cause n'est pas extérieure : si nos pieds sont détendus et souples, nous pourrons nous laisser porter par le sol, quel qu'il soit. Si nous sommes en contact avec le sol par des pieds vivants, nous nous sentirons portés. Il est alors difficile d'être stréssé, angoissé ou fatigué...

Et ça marche ! Surtout vous marcherez d'autant mieux ! Votre santé physique sera améliorée, vos relations seront plus détendues et votre place dans l'environnement sera plus facile.

Planche de pieds vierges

Nom : ____________________

Prénom : ____________________

Date : ____________________

Remarques :

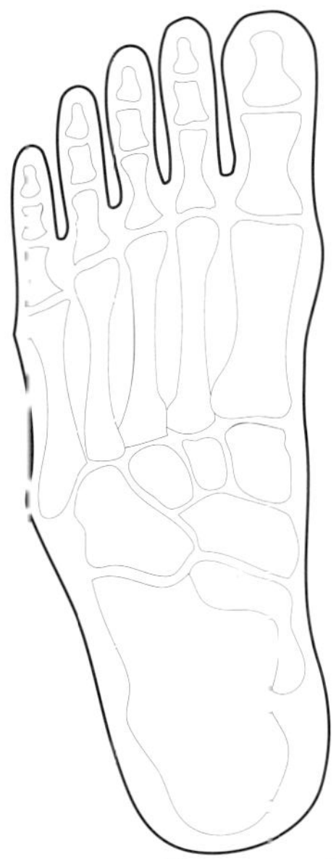

D Dessous G

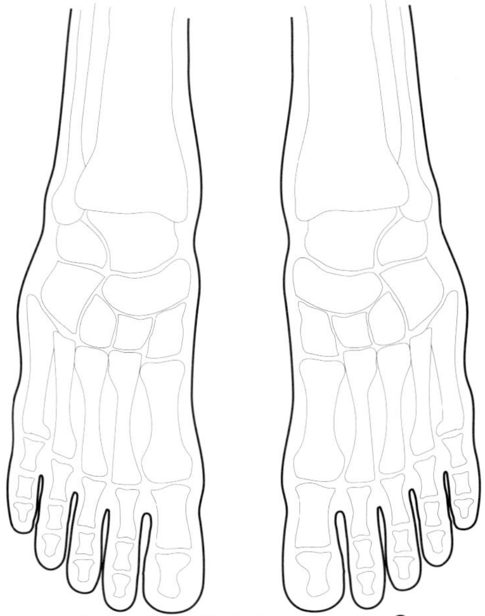

D Dessus G

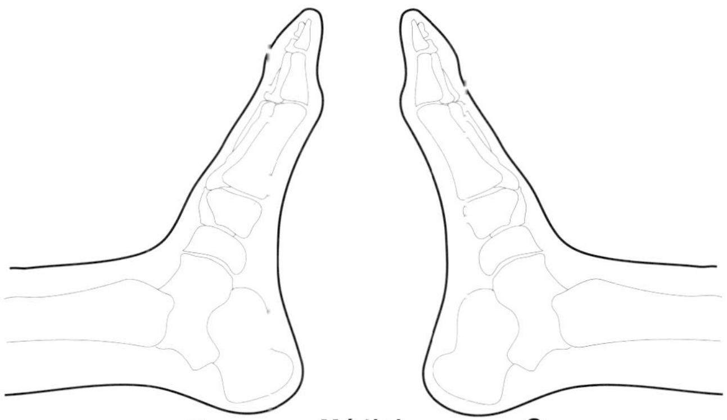

D Médial G

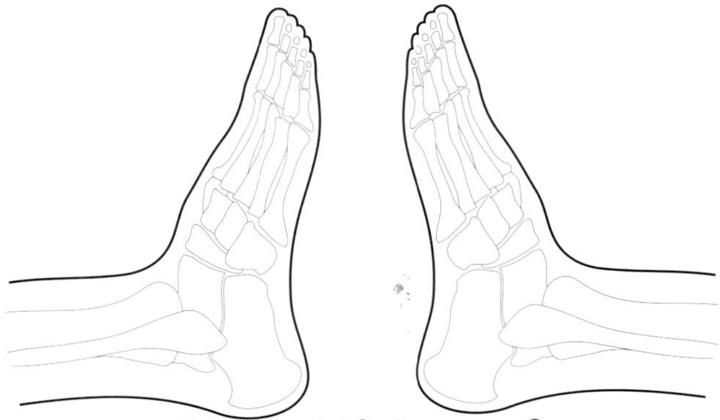

D Latéral G

Registre des maladies

Si vous désirez plus d'informations,
vous pouvez envoyer votre adresse au :

CENTRE DE RÉFLEXOLOGIE
37, rue du Couédic
75014 Paris

Un programme des séminaires d'introduction
et des formations vous sera envoyé.

Achevé d'imprimer en mars 1995
sur les presses de la Nouvelle Imprimerie Laballery
58500 Clamecy
Dépôt légal : mars 1995
Numéro d'impression : 503025

Imprimé en France